FOPLA ½

DENYS ARCAND
La vraie nature du cinéaste

Michel Coulombe

DENYS ARCAND
La vraie nature du cinéaste

Entretiens

Boréal

Les Éditions du Boréal sont inscrites au Programme de subvention globale du Conseil des Arts du Canada.

Conception graphique : Gianni Caccia
Photo de la couverture : Daniel Kieffer

© Les Éditions du Boréal
Dépôt légal : 3e trimestre 1993
Bibliothèque nationale du Québec

Diffusion au Canada : Dimedia
Distribution en Europe : Les Éditions du Seuil

Données de catalogage avant publication (Canada)
Arcand, Denys, 1941-
    Denys Arcand : la vraie nature du cinéaste
    Comprend des réf. bibliogr.
    ISBN 2-89052-553-8
        1. Arcand, Denys, 1941- – Interviews. 2. Cinéma – Québec (Province). 3. Producteurs et réalisateurs de cinéma – Québec (Province) – Interviews. I. Coulombe, Michel. II. Titre.
    PN998.3.A72A5   1993   791.43'0232'092   C93-096909-X

Dix ans après avoir été séduit par l'intelligence et le mordant de *Réjeanne Padovani*, je l'ai rencontré devant une bière. Quelques bières en fait. Belges. C'était à Liège, en marge d'un colloque. Peu stimulé par les savantes réflexions de ses collègues sur les hauts et les bas de la coopération belgo-québécoise, Denys Arcand y chassait l'angoisse sur un court de tennis à quelques jours de l'ouverture de la Quinzaine des réalisateurs. On pouvait alors l'entendre répéter, sur un ton convaincu, qu'il ne passerait, quoi qu'il advienne, que deux ou trois jours à Cannes. Pas davantage. Un an plus tard, il se consacrait encore à la promotion du *Déclin de l'empire américain*...

Depuis, nos vies professionnelles se sont croisées plus d'une fois. Le plus souvent en coup de vent. Jusqu'à ce que nous entreprenions très librement cette série d'entretiens, sans projet ferme de publication. Sans film à promouvoir ni tombée à respecter. Sans se presser. Nous nous retrouvions alors chez son producteur, dans le premier bureau qui s'offrait à nous, salle de réunion ou espace de travail envahi par les costumes bigarrés de *Ding et Dong le film*. Et il me parlait durant des heures de son métier, de ses films, du cinéma. De lui, par le fait même. Toujours avec ouverture et simplicité. Même lorsque l'écriture de son scénario le laissait dans une impasse, ou qu'il lui fallait revenir sur ses propres déclarations pour en débrouiller les contradictions. Denys Arcand est un homme secret, certes, mais un intellectuel volubile.

Je le remercie de ce témoignage de confiance. Je remercie également l'École des hautes études commerciales qui a facilité la transcription d'une partie de ces entretiens, de même que Marie-Claude Bhérer, Diane Martin, Martine Mauroy et Henry Welsh pour leur amitié et leur collaboration.

MICHEL COULOMBE

On pourrait croire qu'il existe deux Denys Arcand. Celui qui se réclame volontiers de ses racines campagnardes — Deschambault — et celui qui propose, depuis des années, un cinéma très urbain. L'intellectuel plein d'assurance, écouté, apprécié, qui parle d'abondance du cinéma et de sa vision du monde et le réalisateur vulnérable qui admet avoir besoin d'encadrement, d'encouragement pour avancer, pour produire. Le documentariste dérangeant, souvent en rupture avec l'autorité, et le cinéaste de fiction qui fréquente Cannes et Hollywood. L'auteur de séries comique et dramatique pour la télévision et le scénariste qui ne se consacre plus qu'à des sujets qui l'obsèdent et le révèlent. Le cinéaste au discours militant du début des années 70 et l'observateur détaché de l'actualité politique des années 90. Le bon vivant, skieur, hockeyeur, golfeur, tennisman, et le créateur tourmenté. En fait, il n'y a qu'un artiste, un cinéaste et ses paradoxes, ses passions, ses doutes, son univers. Et son cinéma.

Comme un grand nombre de réalisateurs, Denys Arcand fait ses premières armes en tournant des films étudiants (À l'est d'Eaton, Seul ou avec d'autres), sans tarder toutefois à joindre les rangs des professionnels. Rapidement, à l'instar de plusieurs cinéastes de sa génération, il fait ses véritables débuts à l'Office national du film, passant, au cours des années 60, du court métrage (Champlain) au long métrage (On est au coton), des sujets historiques aux sujets contemporains, des films de commande aux documentaires plus personnels.

Dans les années 70, il prend ses distances non seulement avec le documentaire, mais aussi avec l'Office national du film, tournant, coup sur coup, trois longs métrages fiction dans le secteur privé, La Maudite Galette, Réjeanne Padovani et Gina. Les deux premiers le font connaître à l'étranger. Il traverse ensuite une période difficile, comme d'ailleurs la cinématographie québécoise, pendant laquelle il touche de nouveau à la scénarisation (Duplessis), devenant, avec les années, le scénariste québécois le plus publié. On a en effet proposé aux lecteurs les scénarios de la série Duplessis et ceux des films La Maudite Galette, Réjeanne Padovani, Gina, Le Déclin de l'empire américain et Jésus de Montréal.

Dix ans après Gina, à la suite d'un retour bref, mais remarqué, au documentaire politique (Le Confort et l'Indifférence), d'une première expérience de la réalisation d'une série dramatique pour la télévision (Empire inc.) *et d'un détour obligé du côté de la commande* (Le Crime d'Ovide Plouffe), *il revient en force au cinéma d'auteur avec Le Déclin de l'empire américain.* Suivront Jésus de Montréal, *un sketch de* Montréal vu par... *et* Love and Human Remains *tiré de la pièce de Brad Fraser* Unidentified Human Remains and the True Nature of Love. *Le cours de la carrière du réalisateur s'en trouve radicalement changé. Dès lors, non seulement il fait une percée internationale sans pareille au Québec, mais encore il crée un intérêt au Canada anglais, événement assez inusité. D'ailleurs, c'est à Toronto que s'organise la première rétrospective complète de ses films, reprise à l'étranger. Les recettes canadiennes au guichet du* Déclin de l'empire américain *s'élèvent à 3 400 000 $, dont un million sur le marché anglophone. Celles de* Jésus de Montréal, *trois ans plus tard, à près de 3 200 000 $, dont plus d'un million sur le marché anglophone. Chacun de ces films est vendu à une trentaine de pays. Cinéaste vedette, Denys Arcand collectionne les prix et les récompenses. Hollywood le met en nomination à deux occasions, Cannes l'inscrit à son palmarès, le quotidien montréalais* La Presse *le consacre personnalité de l'année, la France le fait Chevalier des Arts et des Lettres, le Québec lui décerne le prix Albert-Tessier. Il reçoit une avalanche de Génies à Toronto. D'autres prix à Taormina, Chicago, San Juan, Halifax, San Remo. Désormais, le réalisateur se situe dans une* *classe à part dans le cinéma québécois, situation exceptionnelle qu'il ne partage qu'avec deux figures dominantes du cinéma d'animation, Norman McLaren et Frédéric Back. À cette différence près toutefois que McLaren et Back ont plutôt travaillé en artisans, en marge des lois de l'industrie du cinéma.*

Seul, puis avec d'autres

M. C. *Lorsqu'un cinéaste atteint à la célébrité, lorsqu'il maîtrise pleinement son art, on en vient, tout simplement, à considérer qu'il ne pouvait être que cinéaste. Que tout autre métier aurait été contre nature. Pourtant, lorsqu'on remonte le fil du temps, on parvient généralement à identifier des carrefours décisifs, des étapes de sa vie qui auraient pu l'amener à choisir une tout autre voie. Quant à Denys Arcand, l'intervention des autres, de ceux qui l'ont orienté ou influencé, paraît déterminante. Du moins c'est de cette façon, en s'attribuant un rôle passif, que le cinéaste présente le cours de sa carrière.*

D. A. J'ai fait mon premier film au collège Sainte-Marie avec Stéphane Venne. Son père, un touche-à-tout, possédait une caméra 16 mm. Il nous en a enseigné le fonctionnement et nous avons tourné un film en noir et blanc d'une vingtaine de minutes — malheureusement disparu —, *À l'est d'Eaton*. Stéphane Venne en était l'opérateur et j'assurais la mise en scène. L'objet, la caméra, a amené le geste de filmer. Ce film rempli de gags racontait la journée d'un étudiant. Il s'agissait d'un vrai film d'amateurs qui devait être présenté dans le cadre d'une soirée de type music-hall. Il a tout de même été montré au cinéma Élysée dans le cadre d'un après-midi consacré à ce genre de cinéma. À cette époque, l'Élysée, que dirigeaient Patrick Straram et Jean-Antonin Billard, était le principal centre d'animation cinématographique à Montréal. On y présentait tous les grands films, ceux de la Nouvelle Vague par exemple. On y trouvait aussi un café où chantaient notamment Pauline Julien, Gilles Vigneault. J'étais cinéphile, mais c'était mon premier contact avec le cinéma et, dès le départ, j'avais accès à ce qui était considéré à Montréal comme le temple du cinéma.

Il faut bien comprendre qu'à cette époque, à la fin des années 50, le cinéma québécois, ou canadien d'ailleurs, n'existait pas en dehors des documentaires de l'Office national du film que l'on pouvait voir à l'occasion à la télévision de Radio-Canada. Depuis l'époque héroïque de *La Petite Aurore l'enfant martyre*, *Étienne Brûlé gibier de potence* et *Le Rossignol et les Cloches*, des fictions tournées au début des années 50, aucun film d'ici n'avait été présenté sur les écrans. Au Québec, le cinéma était un phénomène étranger. Les images que nous voyions sur les écrans venaient toujours d'autres pays. Le seul fait de vouloir faire un film était un peu fou !

Trois ans plus tard, alors que j'étudiais à l'Université de Montréal, j'ai tourné *Seul ou avec d'autres* avec deux autres étudiants, Stéphane Venne et Denis Héroux, et la participation de cinéastes professionnels, Michel Brault, Marcel Carrière, Gilles Groulx, Bernard Gosselin. Denis Héroux, un producteur-né, était parvenu à convaincre Pierre Juneau, le vice-président de l'Office national du film, de nous fournir gratuitement les services d'un certain nombre de professionnels de notre choix ! J'ai d'abord été associé à ce projet comme acteur, parce que je participais à l'atelier de théâtre de l'université, pour ensuite devenir coréalisateur. Même si ma participation à la réalisation de ce film, qui devait remplacer la traditionnelle revue de fin d'année, se voit ici et là, je dois admettre qu'elle demeure marginale. Il s'agissait d'une entreprise collective et anarchique. Un peu n'importe quoi en fait. Cela m'a tout de même permis de voir comment on faisait un film et de passer des heures dans la salle de montage auprès de Gilles Groulx. Et puis le film, qui raconte le quotidien d'une étudiante de première année, a été présenté durant la Semaine de la critique à Cannes, sans que je m'y rende toutefois. Il a même fait ses frais !

Je n'avais alors que dix-neuf ans et je ne savais pas ce que je voulais faire plus tard, sinon que j'aimais le cinéma, le théâtre, l'opéra, le spectacle. À cet âge-là, il se passe quelque chose et on fonce, sans trop réfléchir. Après avoir participé à la réalisation de Seul ou avec d'autres, je me suis dit que ce serait bien de travailler l'été à l'Office national du film. J'y suis donc allé et on m'a proposé de travailler sur l'histoire du Canada, dans le cadre d'un nouveau programme qui devait produire des films en prévision du centenaire de la Confédération canadienne en 1967. J'y étais seul parce que personne d'autre n'acceptait pareille commande dans un tel contexte, mais le choix qui s'offrait à moi était très simple : cette proposition ou rien. Je suis donc devenu cinéaste professionnel par le biais de l'histoire. Simplement.

On m'a d'abord demandé d'évaluer la récente série de films reprenant des morceaux de l'histoire du Canada, des films très académiques réunis sous le titre Les Artisans de notre histoire. Puis j'ai réalisé un premier film produit par l'Office national du film, Champlain. Il a remporté le prix du meilleur court métrage canadien à la remise des Canadian Film Awards. Pour moi, tout avait changé. Dès que je faisais quelque chose, cela marchait... Mon film suivant, La Route de l'Ouest, sur la découverte du Nouveau-Monde, n'était pas très réussi, mais celui d'après, Les Montréalistes, a intéressé beaucoup de monde. Pierre Juneau, qui entre-temps était devenu le directeur de l'équipe française de l'Office national du film, m'avait fait couper une séquence où une religieuse se flagellait devant un autel, comportement historiquement vérifiable. Il y avait peut-être un peu de provocation de ma part dans le fait d'inclure une telle séquence, mais aussi une volonté de montrer les choses sous leur vrai jour. Je voulais présenter les Montréalistes tels qu'ils étaient au XVIIe, aux premiers temps de la colonie, des fous de Dieu venus s'enfermer dans une île qu'on leur avait fortement déconseillée mais où ils estimaient devoir s'installer. Même si, au moment de la sortie du film, la Révolution tranquille bousculait bien des choses, on n'était visiblement pas prêt à revoir l'histoire sous cet angle...

Mes premiers films obtenaient des succès d'estime et suscitaient de la controverse. De fait, le métier de cinéaste a tout de suite été gratifiant : les bonnes critiques, les prix. Même mon film *Volleyball* a été remarqué lorsque la présidente du jury du Festival international du film de Montréal, Judith Crist, critique au *New York Herald Tribune*, a annoncé qu'il méritait le prix du meilleur court métrage, mais qu'il ne l'obtiendrait pas parce qu'on avait forcé son auteur à y ajouter une introduction et une conclusion. Le prix n'a pas été attribué. L'Office national du film, et avec lui le commanditaire, le ministère de la Santé, a dû faire marche arrière. À cette époque, mes rapports avec l'autorité étaient difficiles, mais j'étais heureux et je n'hésitais pas une seconde. Je ne doutais de rien, j'écrivais un scénario en deux semaines. Puis, dans l'esprit communautaire de l'époque, les autres cinéastes de l'Office national du film se déplaçaient pour voir mes films, de la même façon que j'allais voir les leurs. D'ailleurs, ils m'ont adopté facilement.

Denys Arcand a fait ses débuts à *l'Office national du film* à un moment unique, voire magique, de l'histoire de cette institution, comme d'ailleurs de l'histoire du jeune cinéma québécois. L'âge d'or du direct. Il est arrivé en période de grande effervescence, alors que toute une génération de créateurs, réalisateurs, cameramen, preneurs de son, monteurs, producteurs y apprenaient leur métier, en perfectionnaient les outils et exploraient, de front, les territoires cinématographique et québécois. Tout se passait alors à *l'Office national du film*. Une institution que l'on quittait avec fracas ou que l'on défendait avec fermeté, mais par rapport à laquelle tous les réalisateurs francophones du pays, ou à peu près, définissaient leur démarche. Le temps des mélodrames du style de La Petite Aurore l'enfant martyre (1951) et Cœur de maman (1953) paraît bien loin.

Ce que nous faisions à Montréal dans les années 60 était à l'avant-garde. Caméra à la main, tournage léger. Notre approche du documentaire était unique et reconnue à travers le monde. Ainsi, Bernardo Bertolucci, qui venait de tourner *Prima della revoluzione*, était venu passer une semaine à l'Office national du film. Michel Brault l'avait alors amené à la chasse à l'île aux Coudres. Il se faisait à l'Office national du film des films qui sont des chefs-d'œuvre et que je défendrai jusqu'à la fin de mes jours : *Voir Miami* et *Golden Gloves* de Gilles Groulx, *Bûcherons de la Manouane* d'Arthur Lamothe, *Pour la suite du monde* de Michel Brault, Marcel Carrière et Pierre Perrault. Aujourd'hui, la vidéo et la télévision nous ont habitués à ces caméras qui vont partout, mais à cette époque, avant qu'Arthur Lamothe tourne *Bûcherons de la Manouane*, personne n'avait encore vu de camp de bûcherons au cinéma. Chaque fois que l'un de ces films était terminé, nous nous disions : « Personne d'autre ne peut faire ce genre de film », convaincus que les documentaires tournés à l'Office national du film étaient meilleurs que tout ce qui se faisait ailleurs. Il est très stimulant de savoir que des collègues travaillent à des films importants dans la salle de montage qui se trouve tout juste à côté de la sienne...

Quant à moi, je ne savais pas encore si j'allais faire des documentaires ou de la fiction. En fait, j'étais prêt à faire n'importe quoi, n'importe où. Et tout le monde autour de moi était quelque peu dans la même situation. Ce n'est qu'au bout de huit ou neuf ans d'exercice du métier que l'on peut faire ses propres choix. La personnalité s'affirme et, peu à peu, on s'éloigne des autres.

Devenir cinéaste, le demeurer

Un grand nombre d'artisans du cinéma au Québec ont choisi, un jour, de changer de métier, quittant la réalisation pour la production ou un poste de cadre dans un organisme public, passant de la caméra ou du rôle d'assistant à la réalisation. Les événements ou l'évolution de la cinématographie nationale ont influencé les choix de quelques-uns ; d'autres ont, de leur propre initiative, revu leur rapport avec le cinéma. Denys Arcand, pour sa part, s'en est tenu à son choix initial. En mai 1987, il répondait au « Pourquoi filmez-vous ? » de l'équipe du quotidien français Libération en écrivant notamment : « Et un jour j'ai réalisé que je m'étais transformé en cinéaste : quelqu'un qui ne sait plus rien faire d'autre dans la vie que des films. Je me suis rendu compte qu'imperceptiblement le cinéma était devenu ma manière d'être-au-monde : ma relation avec les êtres, les choses, l'art passait par une virtualité filmique incontournable. C'est peut-être un peu limitatif, mais c'est quand même une agréable manière de résister à la mort et à la solitude. »

J'ai longtemps pensé que j'étais devenu cinéaste par hasard. Mais après trente ans, je me rends compte qu'à bien des étapes j'aurais pu bifurquer. J'ai eu des offres qui m'auraient amené à faire autre chose, mais, chaque fois, je les ai refusées. J'ai donc fait, en cours de route, des dizaines de petits choix. Ainsi, j'ai participé en 1966, avec Jean Dansereau, Bernard Gosselin et Gilles Groulx, à la fondation des Cinéastes associés en quittant l'Office national du film, mais je me suis retiré de la compagnie après une année, dès qu'il a été clair qu'il nous fallait nous orienter vers la publicité et les films industriels pour durer. J'y aurais été malheureux : tout ce qu'exige le fonctionnement d'une compagnie me paraissait horrible, de la gestion du personnel à la négociation d'une marge de crédit. Et, surtout, je voulais faire des films. Plus tard, à la fin des années 60, on m'a offert d'être producteur à l'Office national du film et j'ai refusé.

Je suis devenu cinéaste à la fois par amour du métier et parce que j'étais séduit par les cinéastes et par la vie qu'ils menaient. Je les trouvais extraordinaires. Je ressentais cette adéquation immédiate pour la première fois de ma vie. Je me suis vite senti comme un poisson dans l'eau dans ce milieu. Je ne quittais l'Office national du film qu'à minuit. Je passais mes journées à la cafétéria ou dans les salles de montage. Je trouvais les cinéastes drôles et fascinants. Par exemple, Michel Brault qui revenait de tourner des films de Jean Rouch en Europe, *Chronique d'un été* coréalisé par Edgar Morin et *La Punition*. Claude Jutra aussi qui avait tourné *Le Niger, jeune république* en Afrique. Ou Marcel Carrière qui avait travaillé au film sur Paul Anka, *Lonely Boy* de Roman Kroitor et Wolf

Koenig, et à *Stravinsky* des mêmes réalisateurs, de telle sorte qu'il connaissait le compositeur. Ces hommes avaient voyagé. Je venais d'un milieu très traditionnel et leur mode de vie très ouvert me fascinait, notamment cette façon qu'ils avaient de parler simplement de New York et de Paris. Ils m'ont appris des tas de choses, et pas exclusivement en cinéma, mais aussi en matière de vêtements, de cuisine ou de jazz. Grâce à eux, je savais aussi qui faisait de bons films à l'étranger et quels films il ne fallait surtout pas rater. Ils m'ont probablement appris plus que l'université, où j'ai tout de même acquis une structure intellectuelle indispensable à l'exercice de mon métier. Et je suis devenu, comme eux, cinéaste.

La fermeté de ce choix n'empêche surtout pas le cinéaste de rechercher de nouvelles expériences qui lui permettraient d'élargir le champ de ses possibilités. Cette volonté s'affirme même avec plus de netteté aujourd'hui alors que Denys Arcand, fort de sa renommée, a le loisir de faire l'expérience d'autres facettes de la création, d'autres aspects du métier de metteur en scène.

J'ai touché à la mise en scène au théâtre une première fois en montant *Les Lettres de la religieuse portugaise* au Théâtre de Quat'Sous à Montréal en 1990. Le directeur du théâtre, Pierre Bernard, m'avait déjà suggéré quelques textes que j'avais refusés, puis un jour il m'a envoyé ce livre que je n'avais encore jamais lu. Le texte me semblait magnifique, mais je ne savais pas du tout ce que j'allais en faire. J'ai quand même accepté la proposition, sans trop réfléchir. Le travail de metteur en scène au théâtre est le même que celui du cinéaste : j'ai choisi une structure, écrit des scènes, dirigé des comédiens, présenté au public ma vision d'un texte. La caméra en moins, le contact avec le public en plus. J'ai mis en scène cette pièce comme on s'offre un luxe lorsqu'on n'a pas à se soucier de gagner sa vie en tournant rapidement un autre film. Parce qu'il faut dire que de tous les métiers artistiques, au Québec, celui de metteur en scène de théâtre est le plus mal payé. C'en est presque ridicule ! Je n'ai pas eu le temps de revenir au théâtre après cette première expérience, mais je vais sûrement le faire.

Onze ans plus tôt, en 1979, j'avais eu l'occasion d'écrire pour le théâtre. Il s'agissait d'un sketch des *Sept Péchés québécois*, celui sur la luxure, *Un peu plus qu'un peu moins*. J'y racontais l'histoire d'un Québécois au retour d'un voyage en France qui achète des cadeaux pour sa femme, sa belle-mère et ses enfants dans une boutique hors taxes de l'aéroport de Roissy. Il croit qu'en dépensant beaucoup il réussira à atténuer un peu de sa culpabilité congénitale. Ce faisant, il tombe amoureux de la vendeuse, qu'il ne reverra jamais... Raymond Cloutier, qui assurait la mise en scène de ce spectacle au Grand Théâtre de Québec, m'avait demandé de remplacer quelqu'un au pied levé et j'avais écrit le sketch en dix jours au moment où je travaillais à la série *Empire inc.* J'ai expédié mon texte et je n'en ai plus entendu parler jusqu'au jour où on m'a informé que la première avait lieu le lendemain ! Lorsque je me suis assis dans la salle, j'ai découvert deux comédiens que j'étais bien décidé à engager un jour si je refaisais un film, Yves Jacques et Rémy Girard. Ils disaient mon texte avec un incroyable naturel. Le rythme, les pauses, tout était efficace. Plus tard, j'ai écrit un autre sketch, cette fois pour une pièce intitulée *Mousse*, montée au Théâtre des Voyagements dans la foulée du succès remporté par *Broue*. Il a été retiré du spectacle après deux semaines de représentations.

J'ai aussi travaillé pendant une année à un projet d'opéra avec François Dompierre, *Fin de siècle,* une commande de l'Opéra de Québec, mais le projet est resté en plan. Tout de même, comme plusieurs cinéastes, j'aimerais signer une mise en scène d'opéra. L'opéra est un spectacle tellement fantastique. À toutes fins utiles, monter un opéra ou faire un film, pour moi c'est assez semblable. De la même façon, je ne fais pas beaucoup de différence entre le travail pour la télévision et celui pour le cinéma. Sinon que je préfère encore le cinéma, où l'on a plus de moyens, plus de liberté, et où le travail peut être plus soigné. Le cinéma constitue un mode d'expression plus personnel.

Des histoires vraies aux histoires inventées

Aujourd'hui, on identifie le plus souvent Denys Arcand à l'auteur du Déclin de l'empire américain *et de* Jésus de Montréal. *Scénariste et réalisateur. Pourtant, si la fiction paraît indissociable de son œuvre, ce choix a d'abord été provoqué de l'extérieur. Du moins le cinéaste peut-il déterminer, très précisément, le déclencheur, l'accélérateur de cette réorientation de son travail de réalisateur.*

C'était en 1966. Je jouais dans un film de Jean Pierre Lefebvre tourné sur sa propriété, *Mon œil*. J'y faisais un parachutiste qui descend du ciel et qui vend des bibles. À la fin du tournage, alors que nous revenions chez lui, Jean Pierre m'a dit : « Pourquoi tu ne ferais pas un long métrage ? » J'ai répondu : « Peut-être. » Il a offert d'être mon producteur. J'avais déjà écrit *Entre la mer et l'eau douce*, une fiction, pour Michel Brault, mais je ne planifiais pas très minutieusement une carrière de cinéaste de fiction. Je savais que cela se produirait tôt ou tard, quand ce serait le temps. J'avais une aspiration vague à tourner des films de fiction et j'attendais que les circonstances s'y prêtent.

L'écriture de *Entre la mer et l'eau douce* avait été très agréable. Michel Brault m'avait emmené sur la Côte-Nord et à l'île aux Coudres. Nous sommes allés à la chasse. Puis Michel m'a enfermé dans le chalet de son frère, à Sainte-Adèle. En fait, il veillait sur moi comme une mère. Le matin, il me préparait un pamplemousse ! Je n'avais qu'à écrire, ce que je faisais de mon mieux. Je n'avais aucune expérience, mais je m'appliquais... Et comme il paraissait satisfait, j'étais heureux. Je n'ai aucune idée de la raison pour laquelle il m'a choisi pour écrire ce scénario. En fait, j'imagine que peu d'autres possibilités s'offraient à lui. Le cinéma de fiction étant encore à peu près inexistant au Québec, il fallait bien inventer des scénaristes. J'étais alors inoccupé et disponible, c'est ainsi que j'ai été promu écrivain.

Nourrie par l'offre de Jean Pierre Lefebvre, l'idée de réaliser un long métrage fiction a mijoté un certain temps. Puis j'ai demandé la collaboration du romancier Jacques Benoit, auteur notamment de *Jos Carbone,* avec qui j'avais étudié en littérature. Après trois ou quatre mois de travail à partir d'une idée qu'il avait soumise aux Cinéastes associés, je suis retourné voir Jean Pierre quelques années plus tard en lui disant : « Voilà ce que je veux tourner. » Alors j'ai pu réaliser un premier film de fiction, *La Maudite Galette*. Avec 145 000 $. Les tournages de *On est au coton* et *Québec : Duplessis et après...* m'avaient laissé dans un cul-de-sac idéologique. J'avais besoin d'accomplir un acte de révolte, un peu comme les terroristes à la même époque, mais dans la position confortable de l'artiste. La noirceur du scénario de Jacques Benoit, sa grande violence, son chapelet d'insanités me convenaient parfaitement. J'ai tourné le film très facilement, très rapidement, en un mois. La critique l'a très bien reçu. Puis, Jean Pierre m'a dit : « Il faut en faire un deuxième. » Je me suis donc attaqué à l'écriture de *Réjeanne Padovani*, toujours avec Jacques Benoit. Ce film a un fond documentaire, car j'avais envie de parler de gens que j'avais côtoyés en tournant *On est au coton* et *Québec : Duplessis et après...*, les gardes du corps des hommes politiques, les gens de la pègre. Dans *Québec : Duplessis et après...*, je ne filmais pas tous les discours des politiciens, mais je les attendais souvent à la sortie où je retrouvais un représentant du gouvernement, quelqu'un de la police provinciale rattaché au ministre et le garde du corps du candidat que le ministre venait défendre. Et tous ces gens, la pègre et la police, se connaissaient. Toutefois, je ne pouvais pas filmer ce que je voyais. *Réjeanne Padovani* est la mise en forme esthétique de ces choses dont j'avais été témoin mais que je n'avais pas pu filmer dans mes documentaires. Je me rendais alors compte des limites du documentaire.

Réjeanne Padovani est un film sur la collusion et sur le mensonge. Le film a obtenu, comme le précédent, un bon succès critique. Quelques années plus tard, alors que la maison de production de Marguerite Duparc et Jean Pierre Lefebvre, Cinak, demandait un permis de tournage à la Ville de Montréal, on apprenait que cette

maison de production avait fait l'objet d'une enquête commandée par le bureau du maire, Jean Drapeau. Le film les avait vraisemblablement ennuyés...
   Par la suite, le producteur Pierre Lamy m'a offert des moyens supérieurs pour mon film suivant. J'ai réalisé *Gina* avec 360 000 $ à partir de cette vie de motel que j'avais connue pendant le long tournage de *On est au coton*. Il ne s'agissait pas encore d'une démarche très personnelle de ma part. Le film abordait tout de même la relation qu'établit le cinéaste avec la danseuse, Gina, et aussi l'ouvrière. Ce que j'avais vécu allait beaucoup plus loin que ce que je montre dans *Gina*, mais j'étais trop timide, trop craintif, pour transposer cette expérience dans le film, pour me mettre réellement à nu. Par la suite, j'ai compris qu'il y avait de la lâcheté dans ce film. Il m'était facile de parler des bons ouvriers et des méchants patrons, plus difficile d'évoquer mon rapport avec cette ouvrière et cette danseuse, et ce qui s'est passé après que je les eus laissées. C'est pourquoi, dix ans plus tard, je devais aller plus loin dans *Le Déclin de l'empire américain,* sans tomber dans la confession pure bien sûr, mais en étant présent dans les quatre personnages masculins du film.
   Gina était la dernière pièce, le quatrième volet, d'une tétralogie formée par ailleurs de *On est au coton, Québec : Duplessis et après...* et *Réjeanne Padovani,* une tétralogie mi-documentaire,

mi-fiction. Il s'agit d'un film hybride, à la frontière des deux parties de mon œuvre de fiction. Je commence à y apparaître à l'écran, mais sans parvenir à être complètement présent. Il était normal ensuite que je m'arrête un temps car je devais prendre une nouvelle direction. Mes trois premiers films de fiction se sont enchaînés à un rythme accéléré. Par la suite, tous mes films de fiction ont démarré de la même façon, sans que j'aie eu à prendre l'initiative.

Le poids du documentaire

Comme plusieurs cinéastes québécois, Jean-Claude Labrecque, Robert Favreau, Michel Brault, Anne Claire Poirier ou Fernand Dansereau, Denys Arcand a fait sa marque du côté du documentaire avant de se tourner vers la fiction et d'y consacrer une partie importante de son travail créatif. Cherchant dans les films de fiction de ces cinéastes les traces de leur expérience du documentaire, certains y ont trouvé une facture libre et intimiste, inspirée du direct, et un constant souci d'authenticité, alors que d'autres, plus sévères, en ont plutôt dégagé une retenue générale qui aurait freiné l'exploration de l'imaginaire québécois de même que le développement même de l'écriture cinématographique et du métier de scénariste. Dans les années 70, le cinéma de fiction de Denys Arcand n'échappe pas à cet héritage, à ce rapport avec le réel. Ainsi, Réjeanne Padovani ren-

voie directement à des personnages de la politique québécoise et Gina fait référence au tournage de On est au coton.

La tradition documentaire a beaucoup nui au développement du cinéma de fiction au Québec. Heureusement, certains cinéastes d'ici se sont lancés dans la fiction avec plus de liberté que les gens de ma génération. Léa Pool, par exemple, qui, dans *La Femme de l'hôtel*, s'est servie de l'hôtel Clarendon, situé à Québec, pour un film dont l'action se passe à Montréal. C'était parfait. Mais pour ceux qui, comme moi, viennent de l'école documentaire, il fallait chercher des lieux de tournage qui correspondent exactement aux lieux où l'action devait se passer.

Maintenant, lorsque j'écris, j'essaie de tenir compte davantage de l'univers onirique, fondamental dans la fiction, mais à l'opposé du documentaire. L'onirique est l'un des fondements du cinéma, et ce, depuis le muet, mais il est encore très peu présent dans le cinéma québécois. Aujourd'hui, quand j'effectue une recherche importante au moment d'écrire un scénario, ce n'est pas tant pour me rapprocher de la réalité que pour aller plus loin, pour rêver un peu. Je trouve notre cinéma très terre à terre. Ce rapport étroit entre la fiction et le documentaire me fait penser à une chose que j'ai apprise en visitant un petit musée à Lyon : il y avait plusieurs négatifs différents de *La*

Sortie des usines Lumière. Louis Lumière recourait, lui aussi, à la mise en scène. Comme aujourd'hui Pierre Perrault...

Lorsque, dans les années 80, Roger Frappier a formé à l'Office national du film le groupe de travail à partir duquel j'ai pu écrire puis tourner *Le Déclin de l'empire américain,* j'avais la possibilité de tourner un documentaire ou une fiction. Après quelques mois de réflexion, j'en suis venu à la conclusion que l'on avait tourné tellement de documentaires au Québec depuis 1958 que tout avait à peu près été filmé. Que ce soit le quartier populaire Saint-Henri ou les ouvriers de Saint-Jérôme filmés par Fernand Dansereau, ou encore l'univers rural que l'on découvre dans les films de Pierre Perrault. Je ne voyais pas de sujet de documentaire qui aurait pu me passionner, ce qui ne veut évidemment pas dire que cela ne se représentera pas. Pour revenir au documentaire, il me faudrait un sujet qui m'engage totalement. Autrement, il n'y a pas de raison de faire un film. Cette exigence s'applique également à la fiction, car sur ce plan je ne fais pas de différence entre les genres.

Ce qui me frappe aujourd'hui chez les documentaristes québécois, c'est qu'ils en sont rendus aux marges de la société. On se tourne vers les malades mentaux comme Nicolas Zavaglia dans son superbe documentaire *Espoir violent* ou vers les marges géographiques comme Pierre Perrault dans le Grand Nord et Bernard Gosselin à l'île d'Anticosti. Dans ce qui touche le plus grand nombre, on a tout fait. C'est pourquoi je préfère laisser passer du temps. Je reviendrai au documentaire quand il y aura eu suffisamment de changements dans la société ou quand un sujet m'accrochera. À moins, bien sûr, d'aller tourner à l'étranger. Mais je suis plutôt sédentaire. À l'étranger, je suis un peu perdu. Il est très difficile aujourd'hui de proposer un sujet de documentaire à un producteur. L'Office national du film est en pleine déroute et les organismes de financement et les réseaux de télévision exigent que les documentaires soient préalablement scénarisés. Ils veulent savoir d'avance ce que sera le film, ce qui est complètement ridicule. Un bon documentaire est toujours improvisé. Le cinéaste suit sa caméra. C'est une aventure dont on ne connaîtra le dénouement qu'à la fin du montage. Évidemment, les aventures rendent les fonctionnaires très nerveux...

En musique, avec patience

Lorsqu'il évoque le scénario auquel il travaille, Denys Arcand parle aussi bien du thème principal que de telle scène, voire de telle réplique. Le plus grand côtoie le plus petit. Plus de vingt ans après avoir tourné son premier long métrage fiction, le cinéaste avoue que le processus même de la création lui paraît toujours très mystérieux. Tout lui vient en même temps, confusément. Laborieusement.

Depuis très longtemps j'ai envie de faire un film sur quelqu'un qui va se suicider. J'ai même écrit en 1976 ou 1977 une ébauche de scénario sur le sujet pour la télévision publique de langue anglaise, la CBC, à Toronto, mais on n'a pas retenu mon projet. Par la suite, cinq personnes que j'ai connues se sont suicidées. C'est beaucoup. Je devais faire un film autour de ce phénomène. Puis, ces dernières années, mon père et ma mère sont morts du cancer, des morts relativement longues et pénibles. Alors, je me suis senti envahi par ce sujet de manière irrationnelle. J'avais en tête des images extrêmement précises de mon père très malade à l'hôpital et de ma mère que l'on gardait en vie artificiellement. Par surcroît, les images de ces amis qui se sont suicidés. Et le fait d'avoir plus de cinquante ans, ce qui change considérablement mon rapport avec le temps.

La mort est devenue pour moi plus présente, plus imminente. Pour en parler me viennent tantôt deux répliques, tantôt un personnage qui me dit quelque chose avec une image. Ou encore des réminiscences de cinéma. Par exemple *Kaseki,* ce film de Masaki Kobayashi où un personnage féminin représentant la mort apparaît à un Japonais très malade alors qu'il se trouve en France. J'aime beaucoup l'œuvre de Kobayashi. À l'étape de la scénarisation, des millions de petites choses se combinent donc les unes avec les autres. Ce film qui parle de la mort prendra peut-être forme un jour. Je ne sais pas quand.

De son propre aveu, le rapport de Denys Arcand avec le travail créatif s'apparente moins à la grâce divine ou à l'inspiration subite et sans faille qu'à une obsession qui le pousserait à fouiller dans toutes les directions pour reconstituer, coûte que coûte mais sans modèle, un inimaginable casse-tête, pour dire au monde une vérité fuyante qu'il lui faut traquer au plus profond de lui-même. Le patient travail d'écriture qu'exige une telle démarche n'a, de toute évidence, rien à voir avec les règles d'or des cours de scénarisation dont les Américains ont la spécialité. Pas de plan irréprochable ni de structure en béton chez Denys Arcand, pas davantage de courbe dramatique soigneusement étudiée, mais plutôt de la matière brute que le scénariste façonne jusqu'à trouver la forme qui lui convient.

Une idée de film m'envahit sans que j'aie le sentiment de l'avoir choisie de façon rationnelle. Mais cela ne règle pas mes problèmes d'écriture ! Je pense au film que je prépare comme à un tout et j'y associe des musiques. Ainsi, avant même que *Le Déclin de l'empire américain* sorte, alors que *Jésus de Montréal* se dessinait peu à peu dans mon esprit, j'ai acheté une cassette du *Stabat Mater* de

Pergolèse. J'ai aussitôt eu la conviction que cette musique se trouverait dans le film, sans toutefois savoir comment. Et, de fait, cette musique a alimenté par la suite mon écriture. Je pense souvent à la musique en même temps que je pense au sujet, au scénario. Avant le tournage de *Love and Human Remains,* j'écoutais de la musique rock parce que c'est ce qu'écoutent les personnages du film. Pour moi, il y a là un lien organique. Je suis probablement un auditif car j'accorde beaucoup d'importance non seulement à la musique mais aussi au rythme des dialogues. Lorsque j'écris un scénario, j'écoute inlassablement la même musique puis, complètement saturé, je la mets de côté de manière définitive. C'était déjà le cas avec l'air de Gluck dans *Réjeanne Padovani* ou la musique rock and roll de Michel Pagliaro dans *Gina.* Lorsque je lui associe une musique, c'est que le film prend forme dans mon esprit.

Robert de Niro a dit un jour qu'il demande au réalisateur qui veut l'engager quelle est la musique du film qu'il prépare. S'il ne peut pas répondre, c'est qu'il ne sait pas ce qu'il fait! Son raisonnement me semble très juste. Il n'y a pas de film sans musique.

Ma façon de scénariser est très simple. Je commence avec la première scène et je l'écris. Je décris ce que l'on y voit, sans d'ailleurs savoir exactement où je m'en vais. C'est pour cette raison que les premières versions de mes scénarios sont toujours très longues. L'écriture est longue, pénible, extrêmement exigeante sur le plan personnel. J'écris très lentement, dans la plus grande solitude. Le seul contact que j'aie avec la réalité, avec l'extérieur, c'est à travers le producteur qui lit les différentes versions de mon scénario. Sinon, je suis toujours seul. Il s'agit vraiment de la période la plus ardue. Tourner m'apparaît, par comparaison, extrêmement facile. Une fête, un party. La postproduction me semble aussi très simple.

Je suis un paresseux qui travaille tout le temps. J'écris deux ou trois pages par jour. Je rature, je jette. Deux pas en avant, deux autres en arrière. J'écris une scène que j'épingle au mur, puis je lis quelque chose qui contredit ce que je viens d'écrire et je recommence. Je n'ai aucune méthode, mais des habitudes. J'écris toujours avec une plume et de l'encre, assis au même endroit dans mon bureau et à des heures très précises, entre neuf heures trente le matin et trois heures. Jamais après cinq heures. Je n'écris pas sous le coup d'une inspiration soudaine.

J'aimerais toujours, lorsque je fais lire une nouvelle version d'un scénario, que les gens me disent que j'ai entre les mains un pur chef-d'œuvre, mais je respecte la méthode de travail que nous avons utilisée, Roger Frappier et moi, depuis *Le Déclin de l'empire américain*. Je fais d'abord un premier jet, puis nous invitons quelques personnes en deux groupes à passer une journée avec nous. Il s'agit presque toujours d'écrivains. J'écoute leurs commentaires, je prends des notes. Puis j'écris une nouvelle version et nous recommençons, pas forcément avec les mêmes personnes. C'est tellement plus facile de faire cet exercice critique avec quatre personnes dans une chambre d'hôtel ou dans une salle de réunions que de se faire dire que le film est pourri dans un grand festival... Tout de même, je ne sacrifie pas systématiquement mes idées aux goûts des personnes venues discuter du scénario. Parfois, malgré les commentaires des lecteurs, je ne change pas d'idée parce que je suis intimement convaincu de la valeur de telle scène, de tel élément du scénario. Ce processus me sert surtout lorsque quelqu'un met précisément le doigt sur quelque chose dont, justement, je doute.

Autrement, je ne parle à personne de ce que je suis en train d'écrire. Jamais. Si je raconte une scène du film hors contexte, j'ai aussitôt peur de la réaction de mon interlocuteur, je m'inquiète. J'interprète sa moue, son silence. Et je me mets, inutilement, à douter.

Généralement, j'écris cinq versions d'un scénario et, au moment de soumettre chacune d'entre elles, je voudrais que ce soit fini. Mais à la fin de chaque étape, je retourne chez moi avec mes dictionnaires et je reviens à la page un. « Qu'est-ce qui n'allait pas à la page un ? » Je mets un an, un an et demi à scénariser un long métrage, ce qui est long, tout compte fait, pour écrire cent vingt pages... Mais voilà, je me perds dans des dédales, je fais des recherches qui m'entraînent sur des voies qui ne mènent nulle part. Cela explique en partie que je prenne tant de temps. Si je suis loin de l'échéance et que je bloque, je fais autre chose toute la journée, en gardant un vague sentiment de culpabilité. J'ai appris toutefois avec les années qu'il est préférable de résister à l'évasion et d'attendre que vienne quelque chose. Il faut rester collé à son travail.

Tout de même, Denys Arcand n'a pas toujours travaillé seul, ni d'ailleurs toujours consacré de longs mois à mettre au monde un scénario. Son rapport avec l'écriture s'est précisé, compliqué aussi, avec les années, tandis que s'affirmait sa volonté de se donner sans compter dans des projets personnels qui ne pourraient, selon toute vraisemblance, être coécrits que par un scénariste à la fois complice et thérapeute.

Jacques Benoit a écrit le scénario de *La Maudite Galette* assez rapidement, nous l'avons corrigé en une semaine. Puis, je l'ai tourné. Je suis allé présenter le film à Cannes et il a été bien reçu. Après cela, nous avons écrit *Réjeanne Padovani* en deux mois. Sans réfléchir une seconde, sans nous poser de questions. J'ai corrigé une fois, c'est tout. Puis j'ai entrepris le tournage. Il me semble que j'ai tourné ce film sur l'adrénaline, sans même avoir dormi pendant un mois et demi. Même chose pour *Gina*. J'ai écrit le scénario en trois semaines : je faisais du cinéma pour faire du cinéma. Ce que j'aimais, c'était le cinéma. Le processus et le résultat. Je trouvais cela simple et j'avais hâte de tourner, hâte que le film soit sur les écrans. L'inspiration me venait du cinéma, comme d'ailleurs c'est le cas pour tous les jeunes cinéastes. Puis le contexte a changé, l'état de la production au Québec s'est sérieusement détérioré et pendant longtemps je n'ai pu faire d'autre film. Contrairement aux films précédents, *Gina* n'a pas été invité dans divers festivals à l'étranger. Ce rejet m'a blessé. Pourtant ce film a très bien marché au Québec.

Alors je me suis tourné vers du travail alimentaire. À la même époque, par exemple, Claude Jutra a dû aller travailler à Toronto où il a tourné des films et des téléfilms. De mon côté, j'avais l'impression de me trouver dans un cul-de-sac, peut-être parce que personne ne m'offrait de réaliser un autre film et que, même si je voulais à tout prix tourner de nouveau, dire autre chose, je n'avais pas de sujet. Rien. Pourtant, je lisais des romans, je cherchais activement. Mais je ne trouvais pas. Il existe, je crois, un curieux rapport entre l'inspiration et les possibilités de production. Lorsque celles-ci sont nombreuses, elles semblent nourrir l'inspiration et, inversement, si on sait que les portes des producteurs sont fermées, on a tendance à baisser les bras et à se dire : « À quoi bon ! »

Après *Gina,* en 1975, je me suis donc retrouvé sans emploi et sans grandes perspectives d'avenir. Un réalisateur de Radio-Canada qui arrivait de Toronto, Mark Blandford, m'a proposé d'écrire les textes d'une télésérie sur le premier ministre Maurice Duplessis. J'ai tout d'abord refusé parce que, contrairement à ce que l'on semble croire, la politique québécoise ne m'a jamais vraiment intéressé. De plus, je ne pensais pas que la vie d'un premier ministre conservateur mort quinze ans plus tôt puisse intéresser le public. Cela montre bien que je n'ai jamais été très bon juge des goûts populaires...

J'ai bien essayé de refiler le projet à mes amis écrivains, mais ils l'ont tous refusé à leur tour. Finalement, j'ai dû accepter parce que c'était le seul travail qui m'était offert. J'ai donc écrit sept heures dramatiques pour la télévision. Un travail énorme. J'ai mis aussi beaucoup d'énergie dans la production, car Mark ne connaissait pas les comédiens québécois. Aussi j'ai été en grande partie responsable du choix des acteurs. *Duplessis* a connu un très grand succès.

J'habitais alors la campagne. Les soirs de diffusion de *Duplessis,* je jouais au basket-ball avec un groupe de professeurs d'éducation physique à Donnacona, à quelque trente kilomètres de l'endroit où j'habitais. En rentrant chez moi la nuit en automobile, je passais dans des villages où je pouvais voir par toutes les fenêtres des familles réunies devant leur téléviseur pour regarder mon émission. Je dois dire que j'étais assez ému. Je crois que c'est à partir de là que mon père a cessé de me considérer comme un raté. L'ampleur du succès de *Duplessis* l'avait ébranlé, lui qui considérait le cinéma comme un passe-temps un peu louche. C'est en travaillant à cette série que j'ai appris à écrire des dialogues. Les limitations physiques de la télévision, le tournage en studio, le nombre restreint de décors m'avaient obligé à faire reposer la totalité de l'action sur la parole. Cette expérience m'a beaucoup servi par la suite.

J'étais alors jeune et je n'étais pas en paix avec moi-même. Je voulais faire de meilleurs films. Pour canaliser mon énergie, j'aurais pu travailler au théâtre, mais les secteurs sont très cloisonnés au Québec. Nous habitons un petit pays où les possibilités ne sont pas aussi nombreuses, par exemple, qu'en Europe. Alors je doutais. Et je me demandais si je n'aurais pas dû orienter ma vie autrement et devenir professeur d'histoire. Aujourd'hui, je ne crains plus la panne, notamment parce que ce qui est derrière moi est plus important, a plus de poids.

Aussi, lorsque je suis revenu à un scénario qui me tenait à cœur, celui du *Déclin de l'empire américain*, je savais que, s'il n'était pas extraordinairement bon, je serais condamné à faire des séries pour la télévision. Je connaissais bien l'enjeu. Ce métier m'a alors semblé beaucoup plus dur que je ne l'avais d'abord cru, car, lorsque j'étais plus jeune, je ne connaissais pas le prix des choses. Je n'avais donc pas droit à l'erreur avec *Le Déclin de l'empire américain*. La pression sur l'écriture devenait mille fois plus grande que lors de mes trois premiers films de fiction.

Cela dit, j'aimerais bien, à l'occasion, tourner des scénarios écrits par d'autres. Le problème, c'est que je n'en lis presque jamais qui me conviennent. Le plus souvent ils parlent de sujets qui me sont trop étrangers. Récemment, j'ai eu beaucoup de plaisir à tourner le scénario de Paule Baillargeon, *Vue d'ailleurs,* pour le film à sketches *Montréal vu par...* Paule et moi sommes amis depuis vingt ans. J'ai essayé de me mettre à son service et je crois qu'elle était contente de mon travail.

De la même manière, quand j'ai vu *Unidentified Human Remains and the True Nature of Love,* la pièce de Brad Fraser, j'ai été aussitôt fasciné par cet univers d'ambiguïté sexuelle et il m'a semblé que cet univers ne ressemblait à rien de ce que l'on pouvait voir au théâtre, particulièrement au Canada anglais. J'ai eu envie de servir cette pièce, de lui permettre de rejoindre un plus large public par le biais du cinéma. Je me sentais prêt à en faire la mise en scène. Ce projet arrivait à point, alors que je faisais face à un problème d'écriture auquel je ne trouvais pas de solution. Il m'évitait de rester six ans sans tourner un nouveau long métrage. Cette fois, je n'ai pas eu à prendre la plume, et d'ailleurs je ne le souhaitais pas, sinon pour annoter le scénario de Brad qui a la réputation d'être difficile mais avec qui tout s'est très bien passé. Avec mon chapeau de metteur en scène, je devais m'assurer que la pièce devienne un film. Je lui faisais donc des suggestions et il écrivait. Je n'avais pas à me documenter à gauche et à droite puisque, cette fois, l'auteur était la bible, la référence absolue.

Par la force des choses, je n'ai pas le même rapport d'auteur avec ce film qu'avec ceux dont j'ai écrit le scénario. Le poids est moins écrasant que lorsque je parle de ma vie. Par contre, ce n'est pas comme une commande, comme *Le Crime d'Ovide Plouffe*, par exemple puisqu'il s'agit d'une œuvre et d'un sujet que j'ai choisis. En fait, c'est la première fois, exception faite du sketch de *Montréal vu par...*, que je tourne un film avec lequel j'ai ce genre de relation. Cette fois, j'ai exercé le métier de metteur en scène et je l'ai fait dans une perspective différente puisque habituellement, dès le moment où j'écris, la mise en scène commence à germer dans mon esprit, implicite. Dans le scénario de *Love and Human Remains*, il y a des aspects qui me sont en partie étrangers. Ainsi j'ai dû me demander comment je montrerais, comment je tournerais l'attirance d'un homme de trente ans pour un autre de dix-huit ans, une scène que je n'aurais pas pu écrire moi-même. Quel est le regard de David ? Quel angle de caméra vais-je choisir ? D'une certaine façon, je devais me demander comment l'auteur du scénario verrait ce jeune homme.

Malgré tout, je crois que je dis des choses en tant que metteur en scène à travers ce scénario de Brad Fraser, parce qu'à chaque étape de la réalisation j'ai dû faire de nombreux choix. Ainsi, j'ai vu des centaines d'acteurs avant d'établir la distribution et j'estime que le choix des acteurs constitue une orientation radicale. Ceux que j'ai choisis jouent comme je veux que l'on joue au cinéma, avec une sorte de simplicité très ouverte qui permet à la caméra de filmer les âmes. Le réalisateur doit faire des centaines de choix, de telle sorte que, même s'il n'écrit pas le scénario, on peut dire que c'est lui l'auteur du film. Quant à savoir exactement ce que j'ai fait, ce que j'ai dit à travers ce film, cela est difficile à préciser. Ce sont toujours les autres qui nous disent ce que l'on a fait.

Ce que j'aime dans *Love and Human Remains,* ce sont ces sept personnages qui constituent des archétypes modernes, des gens comme j'en vois partout, dans les cafés, dans la rue, dans les discothèques. Ils vivent dans une incertitude complète par rapport à leur travail, à leur orientation sexuelle, à leur plaisir. Et ils ont tellement de difficultés à se rencontrer que leurs répondeurs téléphoniques deviennent des personnages essentiels du récit. Un phénomène que je connais bien. Et, dans chaque appartement, il y a la télévision qui fait défiler ses milliers d'images. Ce film transmet une image de la vie, de la société d'aujourd'hui qui m'apparaît très juste, mais aussi très troublante, très touchante. Il correspond à un malaise des années 90 et me semble très actuel.

J'aimerais bien trouver un coscénariste avec qui travailler sur mes propres sujets. Il m'arrive de buter pendant des heures sur un détail alors qu'avec la complicité d'une autre personne je pourrais gagner un recul et contourner ce qui me semble un obstacle infranchissable. Mais il est bien difficile de trouver l'âme sœur ! Comment trouver quelqu'un qui puisse partager mes fantasmes ? Je ne désespère pas... Bien sûr, je ne suis pas seul dans cette situation. Depuis quelques années, j'entretiens des contacts avec des professionnels du cinéma à Los Angeles, des réalisateurs notamment, et je constate que le problème est le même partout : tout le monde cherche le bon scénario. Les bons réalisateurs sont plus nombreux que les bons scénaristes.

L'humour plutôt que la comédie

Les films de Denys Arcand abordent des sujets sérieux : la corruption, l'exploitation, la recherche du bonheur, la spiritualité, l'intégrité, l'identité sexuelle, la passion amoureuse, la chute des empires, la vie du Christ. Toutefois, sans jamais occuper l'avant-plan ou dicter le ton, l'humour est toujours présent. Il sert souvent à révéler, à installer des personnages ou à placer l'action dans son contexte. Dans Réjeanne Padovani, les conversations des policiers et des gardes du corps mettent en perspective les propos de leurs patrons. Dans Le Crime d'Ovide Plouffe, les propos délirants d'une agente de voyages rappellent certaines différences culturelles entre la France et le Québec. Dans Le Déclin de l'empire américain, une conversation débridée entre hommes en dit long sur leur rapport avec le plaisir. Dans Jésus de Montréal, une séance de doublage particulièrement loufoque d'un film pornographique témoigne avec efficacité de ce que à quoi peut ressembler la déchéance d'un acteur. Dans Vue d'ailleurs, le sketch de Montréal vu par..., le délire verbal d'un délégué général et une enfilade de lieux communs sur Montréal ne donnent que plus de poids à la confession d'une femme qui a connu un grand moment de passion.

 Au milieu des années 60, j'ai remplacé au pied levé André Rufiange, journaliste au *Journal de Montréal*, qui avait écrit les quatre ou cinq premiers textes d'une série comique diffusée à la télévision de Radio-Canada, *Minute Papillon*. Jacques Bobet, producteur à l'Office national du film, a écrit un texte et j'ai terminé la saison. J'ai donc écrit les textes de vingt-cinq à trente émissions pour terminer la saison. Nous n'avions aucun moyen, j'écrivais seul et j'en garde un souvenir horrible. C'est effrayant l'écriture d'un téléroman ! Écrire trente pages par semaine demande une énergie incroyable. Je me tenais au whisky tellement cela me semblait épuisant. À ce rythme, il faut écrire absolument n'importe quoi, ne pas se permettre la plus petite hésitation. Comme le résultat était catastrophique, je n'ai regardé l'émission qu'une fois. Je l'ai trouvée épouvantable.

L'expérience a été douloureuse, mais je gagnais bien ma vie durant cette période de flottement où je me demandais si je continuais ou pas à l'Office national du film. Tout de même, c'est très utile d'avoir à écrire à ce rythme, et avec des contraintes très précises comme un maximum de deux décors et de six personnages. Cela permet notamment de découvrir ce qui fonctionne, d'expérimenter les quiproquos, d'épuiser toutes les facettes d'une situation.

Mais je ne suis pas un humoriste. Mes films, plutôt sérieux, comptent, en règle générale, une ou deux scènes drôles, pas davantage. Je ne crois pas que je pourrais soutenir l'humour plus longtemps, mais j'y arrive pendant cinq ou six minutes, en misant sur le travail sur le plateau, car la comédie fait appel à l'improvisation. Au cinéma, l'humour exige des moyens importants, difficiles à obtenir au Québec. Par exemple, le tournage de *La*

Ruée vers l'or de Chaplin s'est étalé sur un an. De plus, l'humour constitue le genre le plus difficile qui soit, ce qui explique qu'il y ait si peu de bonnes comédies au cinéma ; peu de films aujourd'hui sont à la hauteur des classiques de Laurel et Hardy. J'en compte tout au plus deux ou trois ces dix dernières années, dont *A Fish Called Wanda* de Charles Crichton. Même chose si l'on fait le tour de la littérature française. Que s'y trouve-t-il de très drôle à part Molière et Feydeau ?

Les projets ne me viennent pas en fonction de la comédie ou du drame, mais sous l'angle du sujet. Et il n'y a pas de sujet si grave qu'il exclue complètement la comédie. Pensons à *Hamlet*.

L'angle historique

On fait souvent référence à la formation d'historien de Denys Arcand. Elle transparaît dans son œuvre, fiction et documentaire. Elle est à l'origine même du tournage de Champlain, La Route de l'Ouest *et* Les Montréalistes, *et elle explique, notamment, la présence de réflexions sur les empires et les millénaires dans* Le Déclin de l'empire américain, *l'interprétation très documentée de la vie du Christ dans* Jésus de Montréal, *le retour sur l'histoire des luttes ouvrières au Québec dans* On est au coton, *la référence à lord Durham dans* Québec : Duplessis et après... *ou le recours aux propos de Nicolas Machiavel dans* Le Confort et l'Indifférence. *Quoi que fasse le réalisateur, quoi qu'il en dise, l'historien ne semble jamais très loin. Agacé par cette étiquette, ou du moins par ce qu'elle peut avoir de réducteur, le cinéaste fait, quant à lui, référence à sa formation universitaire qui le pousse à lire tout ce qui pourrait concerner son sujet, à documenter avec beaucoup de méthode son écriture.*

Pour écrire le scénario du *Déclin de l'empire américain*, j'avais lu sur la sociologie, l'amour, les relations entre les hommes et les femmes, le divorce, etc. Pour celui de *Jésus de Montréal*, j'ai lu une trentaine de livres pour me renseigner sur l'état de la connaissance de Jésus et de la première Église. Sur ce qui s'est passé avant le IIIe ou IVe siècle, on ne sait, tout compte fait, que peu de chose, c'est très mystérieux. Même si je suis conscient du fait que beaucoup de ces lectures ne serviront pas à l'écriture du scénario, je prends des notes sur des fiches, comme je le faisais à l'université. Pour parler de la mort et du suicide, j'ai lu des rayons entiers de bibliothèque et j'ai pris des notes. Je suis aussi allé sur le terrain où j'ai rencontré des médecins, des infirmières, des malades dans les hôpitaux. J'y mets beaucoup de temps même si je sais très bien que les trois quarts de ce que j'ai trouvé là ne me serviront pas du tout. Mais il s'agit pour moi d'une démarche naturelle. Un détail me donne parfois une idée, me fait avancer. Ma manière de travailler a quelque chose d'encyclopédique. En même temps que je lis, j'écris, je fais des rencontres, j'appelle des amis. En fait, je suis un très mauvais exemple à donner aux jeunes scénaristes ! On m'associe fréquemment à l'histoire, pourtant je n'ai jamais fait de fiction historique. Ce qui me révolte, m'enthousiasme, me rend amoureux trouve rarement son inspiration dans le passé. Quant à me définir comme un cinéaste historien, comme on l'a fait plus d'une fois, je crois que c'est complètement faux. Je ne suis pas du tout un historien. Deux années d'études universitaires ne font pas un historien ! Si mes premiers documentaires ont eu un rapport avec l'histoire, c'est que c'était pour moi la seule façon de faire des films. Rien de plus. Le travail que l'on m'offrait dépendait de l'étiquette qu'on m'accolait. J'aurais aimé tourner *Un jeu si simple,* mais on l'offrait à Gilles Groulx. Pourtant, je connaissais le hockey mieux que lui ! On me proposait plutôt *Québec : Duplessis et après...* et pourtant je n'accordais que peu d'importance à ma licence en histoire. Je voulais faire du cinéma !

Par contre, j'ai certainement fait trois fois mon doctorat en histoire en faisant des films ! Lorsque j'ai écrit, à la fin des années 70, une série dramatique de sept heures sur Maurice Duplessis, j'ai passé un an à éplucher les journaux de 1930 à 1959. Tout de même, je ne me suis jamais perçu comme quelqu'un qui aurait quelque chose à dire sur l'histoire ou qui serait particulièrement destiné à mettre l'histoire en images. Mais ma culture me ramène souvent à l'histoire. Par exemple, lorsque je scénarisais *Le Déclin de l'empire américain*, il fallait que je trouve un métier à mes personnages qui devaient être très volubiles. Je ne voulais pas qu'il s'agisse d'artistes ni de gens qui exercent un métier médiatique, on en voit déjà trop au cinéma, mais il aurait très bien pu s'agir d'ingénieurs. Sauf que je ne connais rien à l'environnement d'un ingénieur, alors que je connais bien les professeurs d'histoire. La moitié de mes amis enseignent dans des universités. À la limite, je pourrais dire qu'il s'agissait là d'une solution de facilité. Et puis, lorsque j'examine une question, j'ai tendance à le faire sous l'angle historique : est-ce que c'était pire autrefois ? Mieux ? Ce genre d'interrogation constitue pour moi une seconde nature.

De toute manière, l'histoire est une discipline scientifique, pas un sujet de film. Je ne connais qu'un cinéaste qui ait réussi à montrer un processus historique : Rossellini dans *La Prise du pouvoir par Louis XIV*.

Double personnalité

Les métiers de scénariste et de réalisateur paraissent aujourd'hui indissociables pour Denys Arcand, qui soutient que ce sont les événements qui l'ont amené à conduire de front ces deux métiers si différents. Alors que le scénariste travaille sur la durée et dans la solitude, face à la page blanche, le réalisateur, constamment entouré, doit convaincre et diriger une équipe, la mobiliser, rapidement, autour d'un projet. Comme plusieurs de ses collègues, Denys Arcand a dû apprendre à organiser sa vie autour de cette alternance peu commune de périodes de repli sur soi et d'ouverture aux autres, entre l'isolement du scénariste et la vie publique du réalisateur.

Je fais ces métiers de scénariste et de réalisateur parce que j'ai une double personnalité. J'aime beaucoup écrire chez moi, puis aller vers les autres lorsque ce travail est terminé. Je ne pourrais pas être un technicien de cinéma et enchaîner tournage sur tournage. Quand j'ai fini un tournage, je veux me retrouver seul et écrire, creuser ce qui se trouve en moi, comme le fait un écrivain. Tout de même, je serais incapable d'être écrivain comme mon ami Jacques Poulin qui termine un roman pour en entreprendre aussitôt un autre. Je n'ai ni le souffle ni la capacité de solitude pour y arriver. Car un écrivain vit toujours seul.

Au début, je me censurais à l'étape de l'écriture pour ne pas me créer de difficultés à la réalisation. De façon générale, je suis encore très prudent. J'ai plutôt tendance à opter pour la solution la plus facile au tournage. Plutôt que de situer une rencontre fortuite entre deux personnages qui doivent échanger quelques mots sur le boulevard Saint-Laurent à l'heure de pointe sous une pluie battante, l'un coincé dans son automobile, l'autre sur le trottoir, je l'installerais dans un restaurant. Je ne me lance que rarement des défis de réalisation et je crois que, s'il y a une chose que je devrais améliorer, c'est bien cela, pour écrire ce qui est le mieux pour le film et non pour le réalisateur. Autrement, lorsque j'écris, je pense à peine à la réalisation. J'essaie dans la mesure du possible de remettre ce travail à plus tard.

Lorsque je choisis mes collaborateurs, je recherche des gens qui sont au même point que moi. Cela crée une atmosphère très agréable sur un plateau parce que personne n'est blasé. Quand j'ai commencé dans le métier, nous étions tous dans le même bain et nous apprenions tous à nager en même temps. Par la suite, lorsque j'ai su nager, j'ai pu m'entourer de gens qui savaient davantage nager. Et ainsi de suite. C'est terrible, et fréquent, de voir un jeune réalisateur s'entourer d'une équipe très expérimentée qui dirige à sa place et lui sert des recettes qu'elle connaît bien.

L'âme des acteurs

Denys Arcand a la réputation d'être un excellent directeur d'acteurs. Comme plusieurs réalisateurs, il s'est constitué au fil des tournages une famille d'acteurs. Deux familles en fait. D'abord celle des trois premières fictions, Luce Guilbeault, Hélène Loiselle,

LA VRAIE NATURE DU CINÉASTE 53

Pierre Thériault, Frédérique Collin, J.-Léo Gagnon, Céline Lomez, Jean-Pierre Saulnier, Serge Thériault. *Puis celle des années 80, Yves Jacques, Pierre Curzi, Rémy Girard, Lothaire Bluteau, Louise Portal, Geneviève Rioux, Dominique Michel, Johanne-Marie Tremblay, Robert Lepage, Gilles Pelletier. Quelques acteurs appartiennent toutefois aux deux, d'abord son frère, Gabriel Arcand, interprète de* La Maudite Galette, Réjeanne Padovani, Gina, Empire inc., Le Crime d'Ovide Plouffe *et* Le Déclin de l'empire américain. *Avec lui, Paule Baillargeon, Dorothée Berryman, Donald Pilon, René Caron, Roger LeBel, Jean Lajeunesse, Claude Blanchard et Marcel Sabourin.*

Deux semaines avant le tournage, je m'assois avec les acteurs principaux et on lit lentement le scénario. Je ne leur demande pas de jouer, de faire passer des émotions, mais de lire. Chacun lit ses répliques et moi les didascalies. À cette étape, je réponds, ou pas, aux questions des acteurs. Ces rencontres durent deux jours. C'est ma méthode de travail. Par exemple, Dorothée Berryman, parfaite dans *Le Déclin de l'empire américain*, est arrivée avec une liste dactylographiée de quatre-vingt-deux questions. Elle avait besoin de faire cette démarche pour connaître, pour sentir son personnage. Pour son rôle dans *Jésus de Montréal*, Lothaire Bluteau s'est installé pendant six mois à la bibliothèque de l'oratoire Saint-Joseph et il a lu tous les livres que j'avais lus avant d'écrire le scénario. Lorsqu'il est arrivé sur le plateau, il savait tout sur les recherches archéologiques, les premières sectes, l'état de la religion juive au Ier siècle après Jésus-Christ. Nous n'avons pas parlé du personnage. Ce qu'il voulait savoir, c'est qui était Jésus. Lui et moi avons eu des conversations d'exégètes au moment du tournage, car il se rappelait certains détails que j'avais complètement oubliés ! Je fais une confiance totale aux acteurs. Je vis ou meurs avec eux. D'où l'importance des auditions, du casting, une étape cruciale. Cela m'a valu des problèmes avec certaines personnes car il m'est arrivé de revenir sur une idée et de dire, en dernière analyse, au dernier moment, à telle personne qu'elle ne convenait pas pour tel rôle. C'est évidemment très pénible. Une fois sur le plateau de tournage, si j'ai choisi les mauvais acteurs, il est trop tard pour en changer. Un gros plan en 35 mm sur un grand écran va chercher l'âme de ceux qui jouent, réalité lourde de sens lorsqu'un acteur rend mal son personnage. À mes débuts, je ne faisais pas passer d'auditions parce que je devais prendre les acteurs qui voulaient bien jouer dans mes films, ceux assez gentils pour accepter. En fait, à un moment ou à un autre, la plupart des comédiens connus de Montréal ont refusé de jouer dans mes films. Pour *Love and Human Remains,* j'ai vu des centaines d'acteurs au Canada et aux États-Unis.

La part de jeu est beaucoup moins grande au cinéma qu'au théâtre. Aussi mon jugement concerne-t-il les personnes : je dois savoir si les acteurs que je vois ont ce qu'il faut en eux pour traduire les personnages. C'est l'aspect de mon métier dont je suis le plus sûr. Je crois peu au jeu au cinéma, alors, au fond, ce que je veux c'est que les comédiens soient presque eux-mêmes dans leur personnage.

Lorsqu'ils arrivent sur le plateau, je demande aux acteurs de jouer la scène. Je la regarde avec le directeur de la photographie, puis je corrige le jeu avec les acteurs. Je travaille avec eux trente ou quarante minutes, selon la difficulté de la scène. Puis, je trouve mon découpage. Les comédiens vont au maquillage, le directeur de la photographie prépare les éclairages et je dresse la liste des plans avec la scripte. Un bon metteur en scène sait toujours mettre la caméra à la bonne place. Avec le bon objectif, à la bonne hauteur. C'est là que Ford, Eisenstein, Bergman, Fellini, Visconti, les génies du cinéma, ne se trompaient jamais.

Le tournage, pour moi, c'est de la création pure. Je ne sais pas comment je vais tourner une séquence le matin quand j'arrive sur le plateau. Ce que je connais toutefois, c'est le sens de la séquence, son atmosphère. Alors j'hésite à parler d'improvisation puisque c'est quand même très calculé. Je laisse jouer les acteurs assez librement, ce qui me permet de déterminer, avec le directeur de la photographie, la façon dont nous allons tourner. Tout part des acteurs. Je les aime beaucoup. Dans le genre de films que je fais, tout dépend d'eux, car ce qui compte c'est le destin des êtres humains. Si je tournais un épisode des aventures d'Indiana Jones, ce serait différent. D'ailleurs, les seules scènes pour lesquelles je prépare un *story board* sont celles où il y a de l'action, par exemple la chute de la croix dans *Jésus de Montréal*, de manière à n'oublier aucun plan. Je serais incapable de préparer un découpage précis pour tout un film comme le font certains, d'autant plus que je pense que les acteurs jouent mieux quand on leur donne de la liberté. Bien sûr, je parle ici du genre de films que je fais. Il y a d'autres genres, d'autres styles où le jeu des acteurs est beaucoup moins important. Par exemple dans les films d'Alfred Hitchcock, où ce qui compte c'est la mécanique du plan. Le découpage y est souverain. Il suffit que les acteurs respectent le *story board* pour que la mécanique marche parfaitement. Les films d'Hitchcock étaient terminés avant d'être tournés. C'est sans doute pourquoi le tournage l'ennuyait un peu. Il s'absentait même du plateau à l'occasion pour aller au restaurant...

Quand on travaille plusieurs fois avec un comédien, il y a certes le danger de se répéter, mais aussi l'avantage de pouvoir aller plus loin. Ainsi, j'ai travaillé avec mon frère, Gabriel, à plusieurs occasions et je l'aurais fait de nouveau dans *Jésus de Montréal* s'il n'avait pas été en train de tourner en Belgique au même moment.

Je vais souvent au théâtre et au cinéma et je prends des notes. J'ai mes propres fichiers sur les acteurs. Je prends même des notes quand je vais voir des spectacles à New York ! Je vois tous les films québécois, même lorsque je sais que cela ne me plaira pas, pour les acteurs. D'ailleurs, je regarde toujours les génériques jusqu'à la fin. Pour voir le nom de tel technicien, tel accessoiriste. Il y a un grand nombre d'acteurs que je trouve remarquables mais avec lesquels je n'ai encore jamais pu travailler. Je n'ai pas eu de rôle à leur offrir. Un réalisateur a toujours plus de désirs que de possibilités de les réaliser.

Je n'ai écrit qu'un rôle pour un comédien : Lothaire Bluteau dans *Jésus de Montréal*. Seul lui pouvait jouer ce rôle à Montréal. Je le voyais dans ma soupe. Je l'ai donc rencontré un an et demi avant le tournage du film et je lui ai dit que j'écrivais une histoire pour lui. Je lui ai alors demandé de me dire oui aussitôt. Autrement, je renonçais à écrire et à tourner ce film. Nous nous sommes entendus et, à partir de ce moment, je me suis mis à écrire en pensant à lui. Je le voyais dans le rôle principal, même si je n'avais encore qu'une idée vague du reste du film... Je savais que ce serait l'histoire d'un acteur sans emploi qui joue la Passion sur le mont Royal et à qui il arrive une tragédie. C'est à peu près tout. Plus tard, au mois d'août, alors que personne n'écoute la télévision, j'ai vu Robert Lepage, extraordinaire, interpréter Néron dans une reprise de la série *Les Grands Esprits*. Je cherchais un acteur pour le rôle de Ponce Pilate, alors j'ai pris contact avec lui et il m'a assuré qu'il serait libre au moment du tournage.

D'autres noms s'imposent au fur et à mesure, lentement, pendant que le travail d'écriture progresse. Mais je travaille aussi avec une directrice du casting. C'est de cette façon que j'ai trouvé Catherine Wilkening pour *Jésus de Montréal*. Entre la quatrième et la cinquième version du scénario, j'effectue le casting le plus important et la recherche des principaux lieux de tournage de façon à ajuster le scénario en fonction des lieux et des personnes. À cette étape, on sait comment le film sera produit. S'il s'agira d'une production entièrement québécoise ou d'une coproduction. Si le budget sera modeste ou confortable.

Ainsi, il nous a fallu nous ajuster rapidement aux changements inattendus apportés à la structure de production de *Love and Human Remains*. J'avais soigneusement préparé le tournage en Alberta puisque l'action du film, comme d'ailleurs celle de la pièce, devait se situer à Edmonton. Lorsque nous avons appris que cette province n'investirait pas dans le film, j'ai dû me replier en catastrophe sur Montréal et y trouver, sous

Denys Arcand, en 1958, dans le rôle d'un évêque dans *Sur la terre comme au ciel* de F. Hochwalder (collection : Cinémathèque québécoise).

Denys Arcand pendant le tournage des *Montréalistes* (collection : ONF).

Denys Arcand, en 1966, dans la bande-annonce du Festival international du film de Montréal réalisée par Jean-Claude Labrecque (collection : Cinémathèque québécoise).

Denys Arcand, Alain Dostie, Pierre Mignot et Gérald Godin pendant le tournage de On est au coton (collection : Cinémathèque québécoise).

Denys Arcand pendant le tournage de *La Maudite Galette* (photo : Attila Dory ; collection : Cinémathèque québécoise).

L'équipe de *Réjeanne Padovani* (collection : Cinémathèque québécoise).

Le tournage de *Gina* (photo : Bruno Massenet ;
collection : Cinémathèque québécoise).

De haut en bas, de gauche à droite : Céline Lomez, Denys Arcand, Claude Blanchard, Frédérique Collin, Paule Baillargeon, Gabriel Arcand, Roger Le Bel et Donald Lautrec (photo: Bruno Massenet ; collection Cinémathèque québécoise).

Denys Arcand et Gabriel Arcand pendant le tournage du *Déclin de l'empire américain* (photo : Bertrand Carrière ; collection : Cinémathèque québécoise).

Denys Arcand à Hollywood avec les autres réalisateurs en nomination pour l'oscar du meilleur film en langue étrangère, Jean-Jacques Beineix, Wolfgang Glück, Fons Rademakers et Jiri Menzel (photo : Long Photography inc. ; collection : Cinémathèque québécoise).

Denys Arcand à Paris avec quelques-uns des comédiens du *Déclin de l'empire américain*, Dominique Michel, Yves Jacques, Dorothée Berryman, Geneviève Rioux, Louise Portal et Pierre Curzi (photo : Jean-Baptiste Porée ; collection : Cinémathèque québécoise).

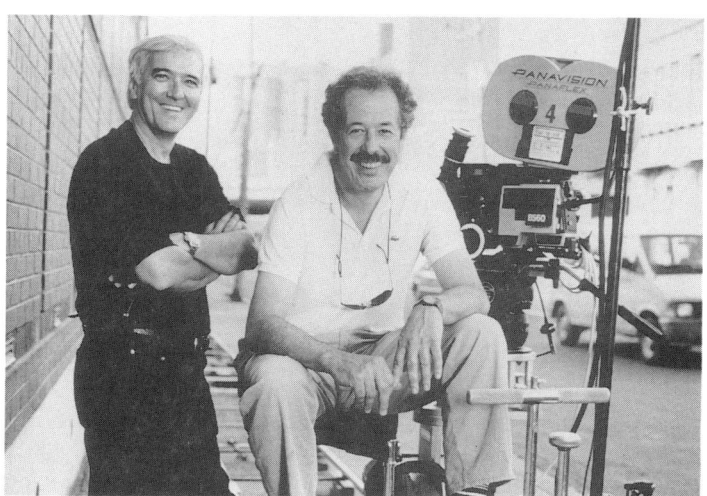

Denys Arcand et le producteur Roger Frappier.

Denys Arcand entouré des comédiens de *Love and Human Remains,* de haut en bas, de gauche à droite, Cameron Bancroft, Matthew Ferguson, Joanne Vannicola, Thomas Gibson, Mia Kirshner, Rick Roberts et Ruth Mashall.

pression, des lieux qui soient urbains, nord-américains, sans renvoyer automatiquement à Montréal. Des endroits où l'on ne tourne pas habituellement.

Face à la caméra

Comme quelques-uns de ses collègues réalisateurs, Jean Beaudry, Claude Jutra, André Melançon, Jean Pierre Lefebvre, Micheline Lanctôt, Denys Arcand est également acteur de cinéma à ses heures. Il a joué dans deux films de Jean Pierre Lefebvre, Mon œil et On n'engraisse pas les cochons à l'eau claire, dans Le Temps perdu de Michel Brault, dans Nominingue... depuis qu'il existe de Jacques Leduc, dans La Tête de Normande St-Onge de Gilles Carle, dans Un zoo la nuit et Léolo de Jean-Claude Lauzon, dans Les Malheureux magnifiques de Mireille Goulet, dans Desperanto, le sketch de Montréal vu par... réalisé par Patricia Rozema. Et dans trois de ses propres films, La Maudite Galette, Réjeanne Padovani et Jésus de Montréal.

J'ai participé à l'atelier de théâtre à l'université un peu comme on chante dans une chorale, pour le simple plaisir. On montait des scènes de Racine, Molière, Shakespeare. J'y ai passé deux ans où j'ai rencontré, par exemple, le comédien Jean Besré, et Gisèle Trépanier que l'on retrouve parfois dans mes films. L'atelier était sous la direction de Marcel

Sabourin et de Gilles Marsolais, qui revenaient d'Europe.

Lorsque, par la suite, j'ai joué au cinéma, je ne l'avais pas souhaité. J'ai tourné dans un premier film avec Jean Pierre Lefebvre, puis on m'a redemandé. J'ai tenu mes rôles les plus importants dans *Nominingue... depuis qu'il existe* et dans *La Tête de Normande St-Onge*. J'ai obtenu un rôle dans ce film parce que je travaillais tout près de Gilles Carle, chez Carle-Lamy. Un jour, Carole Laure m'a demandé si je voulais jouer le rôle de Jean-Paul, son oncle. J'ai accepté, simplement. Dans ce film j'avais à tourner un plan très compliqué. Le personnage étant un golfeur, je devais d'abord, sur un *green* de pratique intérieur, caler un *putt* de six pieds, ramasser la balle, déposer le bâton, traverser la pièce, m'asseoir dans un fauteuil et me verser un scotch tout en donnant la réplique à Carole Laure. J'étais incapable. Quand je savais mon texte, j'oubliais des mouvements, ou le contraire. On a dû tourner une dizaine de prises... Je ne serais pas capable de tenir un grand rôle. Je n'ai ni la technique ni le métier.

Généralement, les réalisateurs ne sont pas de mauvais acteurs. Qu'il suffise de penser à John Huston, à Sidney Pollack ou à Martin Scorsese. La moitié du travail du réalisateur consiste à une réflexion sur le jeu au cinéma. Alors il est normal que, lorsqu'il joue lui-même, le réalisateur sache comment aborder un personnage, comment jouer en fonction de tel cadrage ou de l'utilisation de tel objectif.

J'accepte toutes les propositions que l'on me fait, tous les rôles que l'on m'offre, parce qu'il est important pour un réalisateur de ne jamais oublier qu'il est extrêmement difficile de jouer au cinéma. Et cela, je le ressens très clairement lorsque l'éclairage est sur moi. Il est très menaçant de faire face à la caméra et ce que l'on demande aux acteurs de cinéma est très stressant, très complexe. S'il m'est agréable d'aller sur un plateau sans autre responsabilité que mon jeu, je suis quand même mort de peur chaque fois. En jouant, je me conditionne à demeurer attentif et ouvert envers les acteurs. Je m'efforce de me prémunir contre cette attitude des mauvais réalisateurs qui traitent leurs acteurs de façon un peu cavalière. Lorsque je les vois au travail, j'ai envie de leur demander de faire eux-mêmes ce qu'ils réclament si mal. Ils restent dans l'ombre et ne comprennent pas ce que c'est que de faire face à la caméra. Être vulnérable et mettre son intégrité physique en jeu. Aussi, comme réalisateur, en règle générale, je me montre très gentil avec les acteurs.

L'appel du producteur

Dans les années 70, alors que plusieurs de ses collègues, Arthur Lamothe, Gilles Carle, Jean Pierre

Lefebvre, Michel Brault, Claude Fournier, combinent production avec réalisation pour s'assurer de pouvoir tourner et garder la pleine maîtrise de leur travail, Denys Arcand fait bande à part. L'expérience des Cinéastes associés lui a suffi. Toutes les questions pratiques liées à la production le dépassent, comme il le laisse entendre, ou, du moins, parviennent difficilement à soutenir son attention. La mécanique de l'industrie cinématographique, locale ou internationale, ne l'intéresse tout simplement pas. Aussi, au contraire de Robert Ménard, François Bouvier, Jean-Louis Frund, Richard Lavoie et Louise Carré, il dissocie toujours réalisation et production. Même qu'il ne cache pas qu'il ne connaît ni les règlements de la Société générale des industries culturelles ni ceux de Téléfilm Canada, organismes publics dont dépend le financement de tous ses films. Il laisse le soin à son producteur de lui dire s'il tourne ou non. Et estime, non sans raison, que cela lui réussit très bien.

Si je rencontre un avocat, je mets une semaine à m'en remettre. Avec un banquier, même chose. Je ne peux plus travailler, je ne peux plus fonctionner. Je suis physiquement, mentalement incapable de m'occuper des problèmes juridiques ou financiers. Je sais que j'ai tort et que, si j'avais investi du temps et de l'énergie dans la production, je serais probablement plus riche aujourd'hui. Mais je suis absolument incapable de négocier avec les autres.

On m'offre 2 $, j'accepte. Je me suis fait avoir plus d'une fois de cette façon. Par exemple, j'avais accepté de réaliser *Le Confort et l'Indifférence* pour 4 000 $ par année, ou quelque chose du genre. Il a fallu qu'une administratrice de l'Office national du film me propose, en secret, de refaire mon contrat : les balayeurs à l'Office national du film recevaient trois fois mon salaire...
Maintenant, un avocat négocie mes contrats. Je me suis aussi entouré d'un comptable et d'un courtier. Parfois, ils parlent entre eux au téléphone et je ne comprends pas leur conversation. J'espère simplement qu'ils sont honnêtes tous les trois, mais je n'ai aucun moyen de le vérifier ! Si l'un d'entre eux me demande des renseignements, je suis le plus souvent incapable de les lui fournir. C'est un monde que je ne connais pas, que je ne comprends pas et, pour tout dire, dont je ne veux rien savoir...

On ne peut s'empêcher de penser que Denys Arcand aurait été parfait à l'Office national du film, en cinéaste salarié, encadré, à l'abri des vicissitudes de l'industrie cinématographique. Mais, s'il estime avoir été heureux au sein de l'organisme fédéral, à l'égard duquel il a pris, comme d'ailleurs plusieurs de ses collègues, un net recul depuis les années 60, il a aussi trouvé dans le secteur privé des producteurs qui l'ont soutenu : Marguerite Duparc (La Maudite Galette, Réjeanne Padovani), Pierre Lamy (Gina),

Paul Risacher (Empire inc.), *Justine Héroux* (Le Crime d'Ovide Plouffe), *René Malo* (Le Déclin de l'empire américain), *Roger Frappier* (Jésus de Montréal, Love and Human Remains), *Denise Robert* (Montréal vu par...). *Chaque fois, ce sont eux qui l'ont sollicité.*

Je n'ai tellement pas confiance dans mes propres projets que si quelqu'un ne vient pas me chercher, me convaincre, je n'avance pas. Je me souviens en particulier du *Confort et l'Indifférence*. J'habitais loin de Montréal, à Deschambault, et je ne voulais absolument pas faire ce film. Roger Frappier est donc venu chez moi. Il a apporté une bouteille de vin, nous avons mangé et là, pendant quatre heures, il m'a convaincu. Même chose pour le démarrage du *Déclin de l'empire américain* puisque j'étais plutôt réticent. J'ai besoin que l'on me dise : « Voilà, tu es le bienvenu. » Et là, lentement, les roues commencent à tourner. Sans cet environnement, je ne travaille pas, je ne fais rien ! Ou plutôt je fais autre chose, car j'ai peur de tout ! Je suis toujours prêt à abandonner... Encore aujourd'hui. Aussi, j'ai beaucoup de respect et d'admiration pour les gens qui ont un projet en tête et qui le défendent avec cœur.

Je ne suis pas ce genre de personne qui écrit un scénario et qui essaie ensuite de le vendre de porte en porte. Le seul projet que j'aie vraiment soutenu, que j'aie mis de l'avant, c'est *Maria*

Chapdelaine, à l'initiative d'un producteur toutefois. Et c'est le seul de mes scénarios qui n'a pas été tourné ! En 1980, je n'étais, semble-t-il, pas assez célèbre... Pourtant, j'avais une vision personnelle du roman de Louis Hémon, d'une noirceur atroce, une vision différente de celles qu'ont véhiculées les adaptations cinématographiques de Julien Duvivier, Marc Allégret et Gilles Carle. Je voyais, comme d'ailleurs l'auteur du roman, des personnages âgés de quatorze ou quinze ans, Maria, François, Eutrope. S'ils sont des adolescents qui ne savent rien de la vie, la situation qu'ils vivent est d'un grand tragique. S'ils ont trente ans, ils ont l'air de pauvres imbéciles. Cela aurait mérité un film...

C'est parce que je n'ai pas pu tourner *Maria Chapdelaine* que j'ai réalisé *Le Crime d'Ovide Plouffe*, un film que Gilles Carle, qui tournait l'adaptation du roman de Louis Hémon, devait d'abord réaliser. Il s'agissait d'une commande et j'y ai travaillé comme on fait un exercice technique. Denis Héroux, qui me disait ne pas pouvoir trouver le moindre dollar pour financer une production à partir d'un de mes scénarios, avait monté une affaire sur la suite du film *Les Plouffe* qu'avait réalisé Gilles Carle. Le roman de Roger Lemelin était abominable, aussi je n'ai jamais travaillé aussi fort que sur ce film pour arriver à un résultat à tout le moins neutre. C'est un exercice beaucoup plus difficile que de tirer un bon film d'un bon scénario. L'enfer ! Tout de même, j'ai appris au contact de Roger Lemelin, ne serait-ce que parce qu'il avait cette remarquable rapidité d'écriture, héritage de son expérience du téléroman.

Aujourd'hui encore, si j'avais en tête un projet ambitieux qui exigeait un budget de vingt millions de dollars, j'attendrais d'avoir l'assurance de pouvoir le faire financer avant de me consacrer à la recherche et à l'écriture.

J'ai de la difficulté à défendre un projet de film devant des gens qui n'y croient pas, situation hypothétique que j'appréhende sans toutefois y avoir fait face. Par contre, il m'est un peu plus facile de négocier avec le directeur ou la directrice de production pour obtenir une journée de tournage de plus. Je propose alors de réduire le budget musique ou de diminuer le nombre des figurants et je suis tout à fait à l'aise avec le genre de décision qu'il faut alors prendre. Je n'ai jamais dépassé une seule fois un budget... J'y vois une manière civilisée de travailler, un engagement de ma part. Je suis probablement trop accommodant. Je cède toujours aux impératifs des producteurs, ce qui explique peut-être que je sois populaire auprès d'eux. Si les conditions de travail ne me conviennent pas, je préfère simplement refuser, ce que j'ai fait pour *Bethune* : on était à deux mois du tournage et je ne croyais pas qu'il était possible de s'en sortir avec treize ou quatorze millions de dollars compte tenu des exigences du scénario. Je ne sais rien de l'administration, mais je connais le prix des films.

Si je fais des films personnels, je crois qu'il y a aussi de la place, au Québec, pour un cinéma de producteur. Bien sûr, certains cherchent d'abord à faire une bonne affaire... Mais d'autres travaillent à la manière de Rock Demers qui s'est trouvé un créneau, le cinéma pour enfants, avec les *Contes pour tous,* et qui est complètement responsable d'un projet. Ce n'est pas le genre de cinéma auquel je participe, mais cela contribue à rehausser les standards de l'industrie et à faire travailler les gens. On est loin aujourd'hui du cinéma artisanal que j'ai connu dans les années 70, et on ne peut pas demander aux techniciens de consacrer leur vie à l'amour du cinéma. Pourquoi d'ailleurs exigerait-on d'eux ce qu'on ne demande à personne d'autre ? Curieusement, j'ai tourné le sketch de *Montréal vu par...* à Toronto avec une équipe de jeunes techniciens et j'ai retrouvé chez eux la passion, l'enthousiasme que je sentais sur les plateaux québécois dans les années 70.

Lorsque j'ai commencé dans le métier, les réalisateurs faisaient leurs premières armes en tournant des documentaires ; aujourd'hui les jeunes cinéastes signent des vidéoclips et des publicités. L'attitude des réalisateurs québécois à l'égard de la publicité a beaucoup évolué ces dernières années, particulièrement celle des gens de ma génération. Lorsque je suis revenu vivre à

Montréal au début des années 80, j'ai commencé à tourner des publicités pour gagner ma vie. Je n'étais pas une star de la publicité, pas une star du tout pour tout dire. Je faisais un travail correct, sans plus. Par la suite, j'ai tourné de grosses campagnes pour Provigo et Alcan. En règle générale, les publicités que j'ai tournées exigeaient une bonne direction d'acteurs plutôt que des effets spéciaux spectaculaires.

Le milieu de la publicité est très sensible aux effets de mode, aussi mon statut a-t-il changé du tout au tout à partir du succès du *Déclin de l'empire américain*, tout simplement parce que les clients des agences me connaissaient et voulaient s'associer à moi. Mon salaire a quintuplé et on m'a offert des projets plus importants. Il y a des avantages à être à la mode.

La publicité exige une grande efficacité, permet d'expérimenter des techniques coûteuses, de voir des acteurs au cours d'auditions et de rester en contact avec le tournage, ce qui est particulièrement important pour moi puisque je tourne très peu. C'est parce que j'ai l'expérience de la publicité que j'ai pu intégrer cette scène dans *Jésus de Montréal* où l'on prépare une publicité. On m'a dit qu'une personne dans une agence de publicité serait furieuse parce qu'elle se serait reconnue. Je n'y peux rien.

Le circuit commercial

S'il trouvait plus fréquemment un scénario qui lui plaise, Denys Arcand tournerait, estime-t-il, plus souvent. *Il ne laisserait pas, comme maintenant, s'écouler trois ou quatre ans entre deux films. Tout de même, il lui resterait à assurer la promotion de ses films, travail qui lui demande maintenant beaucoup de temps, beaucoup plus qu'à la plupart de ses collègues québécois.* Un an en fait pour Le Déclin de l'empire américain, *la même période pour* Jésus de Montréal, *alors qu'il avait juré qu'on ne l'y prendrait plus. Le réalisateur y gagne certes en notoriété auprès du public, cédant toutefois aux médias et aux distributeurs de ses films du temps qu'il pourrait, autrement, consacrer à la création.*

Je suis très ambivalent par rapport au travail de promotion. On peut adopter deux attitudes très différentes face à cet aspect du travail du créateur. Celle de Michel Tremblay, que l'on voit partout, et celle de Réjean Ducharme, qui n'est nulle part. Les deux sont également doués et leurs œuvres sont également valables. Je me situe entre les deux. Puisqu'au Québec on tourne sans vedette de stature internationale, je dois faire la promotion de mes films moi-même : on souhaite interviewer le réalisateur. À moi donc de défendre mes films. J'y perds maintenant un an. Au fond, cela m'emmerde, mais est-ce bien du temps perdu ? Les cinéastes se posent tous cette question. Je n'ai pas de réponse. Mon cœur me dit de ne pas y aller, mais les distributeurs affirment que dans une grande ville comme Londres, pour se faire remarquer, il faut offrir aux médias la possibilité d'interviewer quelqu'un. Un peu d'animation autour de la sortie du film peut permettre de passer le cap des premières semaines, toujours très critiques. Après un mois, la carrière d'un film dépend enfin de sa qualité, du bouche à oreille.

L'avantage du *star system* hollywoodien, c'est que la plupart des réalisateurs n'assurent pas eux-mêmes la promotion. Qui a déjà vu Peter Weir, le réalisateur de *Witness* et de *Dead Poets Society* ? Les États-Unis ne s'intéressent pas aux réalisateurs de films. Les réalisateurs américains peuvent ainsi se consacrer à l'exercice de leur métier, ce qui est vraiment beaucoup mieux.

Denys Arcand ne cache pas qu'il envie les Woody Allen et Éric Rohmer qui quittent rarement leur ville et ne donnent que très peu d'interviews. Au Québec, bien qu'il ne le fasse pas, il pourrait maintenant se permettre une telle attitude, pas sur la scène internationale. Or, c'est là que se joue sa renommée, que ses films peuvent faire leurs frais, qu'il négocie, implicitement, la liberté de manœuvre qu'il chérit aujourd'hui.

Dans mon cas, le travail de promotion est à reprendre chaque fois parce qu'il s'écoule trop de temps entre chacun de mes films. Lorsqu'on tourne un film chaque année, comme le fait Woody Allen, comme le faisait Ingmar Bergman, le rapport avec le public est différent. Il se souvient. Tandis qu'au bout de cinq ans il faut partir de zéro, pas tant pour le public cinéphile que pour le grand public dont dépend le succès d'un film.

Mon point de vue sur la promotion a tout de même évolué depuis les années 70. À cette époque, j'acceptais de donner tout au plus dix interviews, puis je retournais m'enfermer à la campagne. Maintenant, je me prête à tout cela beaucoup plus volontiers, me limitant toutefois à apparaître dans les médias au moment de la sortie de mes films. Autrement, jamais.

J'ai dû consacrer un mois et demi à la promotion du *Déclin de l'empire américain* en France. Neuf heures par jour, tous les jours. Une attachée de presse m'attendait à l'aéroport avec un programme chargé, dans le style de celui que l'on réserve à tous les cinéastes français. Aux États-Unis, je suis allé de *talk-show* en émission de radio. J'ai également accompagné le film en Allemagne, en Angleterre. Si mon prochain film marche, je devrai vraisemblablement me rendre en Australie : *Jésus de Montréal* a tenu un an en salle à Sidney...

Sur un tel circuit, on ne rencontre pas de cinéastes et on n'a pas la possibilité de voir de films. Pour tout dire, c'est sinistre. On a la renommée, on perd le plaisir. On est bien loin des festivals où mes films ont continué d'aller, mais sans moi. Le seul avantage que l'on puisse y trouver, c'est de savoir que le film marche bien. Avant, quand j'allais encore dans les festivals, c'était la fête. Maintenant, je vais à Cannes et je donne des interviews toute la journée. S'il arrive que je rencontre quelqu'un de fascinant, je n'ai pas le temps de lui parler. Ainsi, au moment de la sortie de *Jésus de Montréal* à Cannes, un critique florentin m'a parlé de Luis Buñuel dont il était l'ami. Comme je devais me déplacer pour donner une autre interview un peu plus loin sur la Croisette, cette fois à une télévision américaine, il m'a offert de marcher avec moi de l'hôtel Martinez au Majestic. Et c'est en marchant qu'il m'a raconté des anecdotes sur Luis Buñuel. Le seul bon moment que j'ai eu lors de ce festival...

Buñuel est mon héros. J'aime le personnage, j'aime tous ses films, particulièrement *Le Charme discret de la bourgeoisie*, même s'il est mal tourné. Buñuel était très léger. Stéphane Audran m'a raconté qu'elle lui avait demandé ce que signifiait cette scène à la fin du *Charme discret de la bourgeoisie*, celle où tous les personnages marchent sur une route. Il lui aurait répondu de marcher comme si elle avait fait du café, qu'il lui manquait du sucre et qu'elle devait aller en chercher chez le voisin ! Pour être aussi libre à plus de soixante-dix ans, il faut avoir le cœur jeune. Buñuel s'est d'ailleurs épanoui dans les dix ou quinze dernières années de sa vie. Un peu comme John Ford dont les derniers films sont les meilleurs. Il y a des cinéastes qui s'améliorent constamment. Leur exemple donne envie de continuer.

Le cinéaste sans son public

Ce rapport de plus en plus organisé et efficace du réalisateur avec la diffusion de son œuvre, avec sa mise en marché à travers le monde, n'est pas, comme dans le cas des artistes de scène, compensé par un contact direct et chaleureux avec le public. Car, à l'instar de certains de ses collègues ayant mis au point des rituels compris d'eux seuls qui les rassurent et leur permettent de faire face au trac des soirs de première, Denys Arcand a établi sa propre règle non rationnelle : il n'assiste jamais aux projections de ses films. Une superstition qu'il assume entièrement.

Quand je suis là, assis dans la salle, il arrive une catastrophe. Toujours. Ainsi, à la première projection de *La Maudite Galette* dans un festival, aux Journées internationales de Poitiers, je m'assois dans la salle, nerveux, parce qu'il s'agit de ma première fiction et qu'il y a des critiques parisiens dans la salle. La projection commence.

D'abord la première bobine, puis, soudainement, la sixième. Alors je pars en courant, je monte les escaliers, je rentre dans l'armoire à balais, puis dans les toilettes. Finalement, je trouve la cabine de projection et le projectionniste interrompt la projection. L'ordre des bobines avait été mal indiqué au laboratoire... Il a donc fallu les identifier une à une pour reconstituer le film, et ce, dans le plus grand énervement. Un quart d'heure d'enfer !

La projection reprend enfin, mais j'étais tellement humilié que j'ai demandé au projectionniste s'il y avait un moyen de sortir sans avoir à passer par le hall de la salle. Ensuite, dans un état lamentable, j'ai marché dans Poitiers jusqu'à cinq heures du matin, repoussant le moment où je devrais rentrer à l'hôtel. Je ne parvenais pas à dormir et je me refusais à aller prendre le petit déjeuner de peur d'y rencontrer des réalisateurs ou des critiques : je ne voulais rencontrer personne. Alors j'ai repris ma promenade à travers Poitiers. Le lendemain, ne sachant plus quoi faire, je me suis barricadé à l'hôtel jusqu'à ce que Bernard Gosselin me demande enfin où j'étais passé. La projection avait été un triomphe et Louis Marcorelles, journaliste au *Monde*, me cherchait pour m'inviter à la Semaine de la critique au Festival de Cannes !

À Cannes, j'assiste, seul, à une projection technique de *La Maudite Galette* la nuit avant sa présentation. Je regarde le film jusqu'à l'avant-dernière bobine. Tout est parfait. Je vais donc me coucher, l'esprit tranquille. Le lendemain, je m'assois dans la salle et, lorsque arrive la dernière bobine, on constate qu'elle a été embobinée à l'envers. On voyait la bande sonore à l'écran ! Certaines personnes se sont levées, Louis Marcorelles a tenté de les calmer et moi je voulais me suicider...

Depuis, je n'assiste plus à la projection de mes films et il n'est jamais arrivé autre chose du genre. En fait, il n'y a eu qu'une exception à cette règle. Le distributeur et l'exploitant de salles changeaient *Le Déclin de l'empire américain* de salle à Québec et on m'avait demandé d'être présent puisqu'on inaugurait de nouvelles salles au complexe Charest. J'accepte, très décontracté. La projection commence. Comme on n'a pas eu le temps de livrer les caches des projecteurs, on projette la totalité du négatif impressionné. Les spectateurs voient donc les micros, les lampes, les rails du *dolly*. Plus jamais !

Dans la mesure du possible, j'évite aussi d'assister aux premières des films dans lesquels je joue. Lorsque ma scène arrive, je suis aussitôt mal à l'aise. Je ne m'aime pas, je n'aime pas me voir. Ainsi, je n'ai jamais pu voir *Nominingue... depuis qu'il existe* au complet.

Être aimé, être entendu

S'il ne s'assoit pas dans la salle pour sentir la réaction du public, Denys Arcand lit souvent les critiques qui concernent son travail et s'y réfère pour évaluer sa réussite. Au Québec, on lui fait généralement un accueil favorable. Denys Arcand est d'ailleurs le seul réalisateur à avoir remporté deux fois le prix du meilleur long métrage, le prix L.-E.-Ouimet-Molson, remis par l'Association québécoise des critiques de cinéma, d'abord avec Le Confort et l'Indifférence, *puis avec* Le Déclin de l'empire américain. *Son rapport avec le jugement imprévisible de ceux et celles qui ont le pouvoir de faire ou de défaire sa réputation n'en est pas moins angoissé.*

L'intérêt que me porte la critique, particulièrement celle des revues, est extrêmement flatteur. Je ne sais pas si cela influence mon travail d'une façon ou d'une autre, mais il arrive parfois que ce que je lis sur mes films me semble très intéressant. Par exemple cette longue analyse du *Déclin de l'empire américain* qui le décrivait comme un film postréférendaire. Ce n'est pas de cela du tout dont je parlais, mais il n'est pas du tout impossible que j'aie été perméable à un certain nombre d'idées courantes, d'atmosphères et que cela se soit reflété dans mon film. Je me souviens aussi d'une rencontre avec le critique Claude Daigneault, alors au *Soleil*, qui, après avoir vu mes trois premiers longs métrages de fiction, m'avait demandé pourquoi je tournais des films de nuit. Il avait raison. Je vis beaucoup la nuit. Depuis cette conversation, je le remarque dans mes films, par exemple dans *Jésus de Montréal* où il y a ces scènes sur le mont Royal. Encore dans *Love and Human Remains* où la nuit est très présente. Mais, bien sûr, je ne trouve plus le temps de lire tout ce qui s'écrit sur mes films ici et à l'étranger. Pour *Le Déclin de l'empire américain,* la revue de presse internationale faisait l'équivalent de trois annuaires téléphoniques ! Aussi, très souvent, je regarde en vitesse, mais je ne lis pas.

Celui qui critique violemment un de mes films dit au fond qu'il ne m'aime pas. C'est certainement l'obstacle le plus difficile à contourner dans mon rapport avec la critique. D'autant plus qu'il y a une grande partie de la création qui part d'un manque d'amour. D'un manque d'amour pathologique... En fait, je pense que la seule raison pour laquelle on fait ce métier, c'est pour être aimé. Cela explique probablement que l'on se souvienne davantage des mauvaises critiques que des bonnes. Ainsi, la mauvaise critique me fait plus mal que la bonne critique ne me fait plaisir. Toujours. Après trente ans de métier, cette attitude n'a pas changé.

Le plus terrible, le plus douloureux, c'est quand je suis obligé de donner raison à un critique qui constate que je me suis planté à tel endroit.

Malgré cela, je ne discute jamais avec les critiques, même des années plus tard, de ce qu'ils ont écrit sur mes films. Et je sais fort bien que je n'ai absolument rien à gagner à me plaindre du sort que l'on m'a fait en envoyant des lettres aux journaux par le biais du courrier des lecteurs, entre telle personne qui se plaint de la TPS et telle autre qui fait des commentaires sur le débat constitutionnel. Comme le pouvoir médiatique ne m'appartient pas, j'aurais l'air d'un imbécile...

Je n'ai brisé cette règle qu'une fois. L'histoire remonte au début de 1992. Une agence de publicité, BCP, m'informe qu'elle prépare une campagne sur le tourisme à l'intérieur du Canada avec les compagnies de transport aérien au pays et d'autres partenaires du tourisme, des hôtels, des compagnies de location de voitures. On me demande si j'accepterais de parler du ski dans l'Ouest canadien puisque je suis un skieur. En retour, on m'offre un voyage à l'intérieur des réseaux de ces compagnies. J'ai eu le très vague sentiment d'entendre une sonnette d'alarme, mais j'ai tout de même dit oui. J'ai donc enregistré quinze secondes. Et, comme les compagnies aériennes, qui traversaient une période difficile, n'avaient plus d'argent pour payer tous les frais de production des publicités et acheter du temps d'antenne, l'agence de publicité les a proposées à une structure fédérale, Canada 125. On a donc diffusé les messages à la fin du printemps avec la signature de Canada 125, ce qui équivalait, au Québec, à me faire faire, à mon insu, la promotion de l'unité nationale. Cette malheureuse initiative de l'agence de publicité m'a placé dans une position impossible. La première fois que j'ai vu cette publicité, je travaillais au scénario de *Love and Human Remains* à Edmonton avec Brad Fraser. Je me suis senti manipulé, mais je me suis dit qu'il valait mieux laisser passer la tempête puisque, de toute façon, je ne gagnerais rien à poursuivre Canada 125. D'ailleurs, la confusion qui ressortait des comptes rendus de la conférence de presse de la chanteuse Édith Butler, coincée dans la même situation que moi, disait bien qu'il valait mieux laisser passer. Toutefois, j'ai dû constater à mon retour au Québec que l'affaire ne mourrait pas, qu'elle continuait à faire couler de l'encre. Cela ne finissait plus. À l'automne, alors que je tournais une scène de *Love and Human Remains* au *Journal de Montréal,* un journaliste de ce quotidien, Franco Nuovo, a écrit sur ce tournage en revenant sur l'affaire[1]. C'était la goutte d'eau qui a fait déborder le vase. Alors j'ai

---

1. Le journaliste du *Journal de Montréal* écrivait, dans l'édition du 22 septembre 1992 : « Évidemment d'aucuns diront qu'en cette période référendaire, Arcand joue serré. Il n'y a pas si longtemps encore on le voyait vanter les mérites de " Whistler la magnifique " dans une pub propagandiste de " Canada 125 " et le voici maintenant qui tourne dans la langue de Shakespeare l'adaptation d'une pièce d'un auteur canadien-anglais, Brad Fraser, œuvre qu'André Brassard montait d'ailleurs lui aussi en

écrit une lettre aux journaux pour clarifier la situation et donner enfin ma version des faits, ce que j'avais choisi de ne pas faire jusque-là. J'espère ne plus jamais avoir à revivre une telle situation. Je retiens une seule chose de ce pénible épisode. Je ne me suis jamais considéré comme quelqu'un d'important, ou comme une vedette. Je suis un réalisateur. L'ampleur de cette controverse m'a obligé à me rendre compte que j'étais un personnage public et qu'il fallait désormais que je me soucie de cette personne-là que je ne connais pas. À partir de ce moment, j'ai refusé de donner des interviews. Même si un jour une simple boutade que j'avais faite sur le Festival du cinéma international en Abitibi-Témiscamingue avait été commentée à la Chambre des communes, je ne me rendais pas compte jusque-là de l'importance que l'on pouvait attacher à mes propos. Peut-être parce que j'ai toujours vécu dans un milieu où personne ne se soucie de ce que je dis, où ce que je dis n'a aucun poids particulier.

---

mars 1991, au Quat'Sous, dans une version française intitulée " Des restes humains non identifiés et la véritable nature de l'amour ".

« Certains crieront donc à la trahison, personnellement je préfère croire que " le confort et l'indifférence " ont eu raison de l'homme. Mais cela dit, d'un point de vue purement artistique, Arcand peut probablement prétendre à une liberté créatrice indépendante des langues et des frontières. »

Il arrive qu'une critique soit très déstabilisante, qu'elle m'atteigne. Ainsi, la critique de *Jésus de Montréal* dans la revue *New York* se termine sur une question et une recommandation : « Pourquoi ce réalisateur talentueux s'entête-t-il à écrire ses scénarios alors que ce qu'il a à dire est sans intérêt ? Que quelqu'un aille le lui dire et qu'on lui trouve de bons scénaristes[2]. » J'aurais peut-être donné raison à ce critique si, quelques années plus tôt, un producteur de la série *Empire inc.* ne m'avait pas dit tout le contraire : « Des réalisateurs comme toi, on en a dix au pays. L'important c'est ton écriture, ton talent d'écrivain. » Je dois admettre que ce genre de commentaire me hante tout de même. Quand j'ai de la difficulté à avancer, j'y pense tout le temps.

Je ferais un très mauvais critique. J'ai signé trois critiques de films dans *Parti Pris* au début des années 60, puis j'ai abandonné. J'avais tellement honte en me relisant ! Je n'ai aucune mesure. Par exemple, j'estime que l'œuvre de Federico Fellini s'arrête à l'avant-dernière séquence de *Huit et demi* : le critique donne un revolver à Marcello

---

2. Le critique de *New York* écrivait, dans le numéro du 4 juin 1990 : « Arcand, I think, is a talented man trapped by the banality of his own ideas : he needs desperately to work with a good writer to escape the nurturing atmosphere of Montreal whose provincial embrace — cozy and " sophisticated " — may include corruptions he's not aware of. »

Mastroianni, qui tient le rôle de Fellini, et on entend un coup de feu. Tout le film conduit à ce suicide, mais il y a une pirouette et on apprend que le personnage ne s'est pas suicidé. Par la suite, Fellini a toujours du talent, mais il n'a plus rien à dire. Il ne m'intéresse plus. Avant, il mettait sa vie sur la table...

Un succès tardif et fragile

Non seulement le succès aussi phénoménal qu'inattendu du Déclin de l'empire américain fait courir les foules au Québec, mais il rejoint également un public important à l'étranger. Il sert à la fois son auteur et la cinématographie québécoise, qui semble avoir profité de ce regain de confiance pour retrouver le chemin du public. Dans les années qui suivent, des films comme Un zoo la nuit de Jean-Claude Lauzon, La Grenouille et la Baleine de Jean-Claude Lord, Dans le ventre du dragon d'Yves Simoneau, Cruising Bar de Robert Ménard, Le Party de Pierre Falardeau, Ding et Dong le film d'Alain Chartrand, Being at Home with Claude de Jean Beaudin, La Florida de Georges Mihalka connaissent des succès importants. Quant à Denys Arcand, il jouit dès lors d'une marge de manœuvre unique que lui envient probablement la plupart de ses collègues. Et qui lui paraît encore plus précieuse que la reconnaissance nationale ou internationale.

Au point de départ, *Le Déclin de l'empire américain* devait être un film à petit budget. Ma référence était *My Dinner with André* de Louis Malle. Un film passionnant et bon marché. J'ai donc pensé à des conversations et il m'a semblé que le seul sujet de conversation duquel on ne décroche pas comme spectateur, aussi bien au restaurant qu'au cinéma, était le sexe. J'ai alors jeté sur papier toutes sortes de choses que j'avais entendues sur la sexualité, des phrases que j'avais dites aussi. Du même coup, je faisais le bilan de ma propre vie et de celle de certains de mes proches, celui de notre désarroi amoureux et sexuel, et ce, peu de temps après avoir vécu ma crise de la quarantaine. Au bout de la ligne, j'en suis arrivé à un magma de trois cents pages qui constituait une seule conversation entre des hommes et des femmes à table. Puis, j'ai structuré le film à partir d'un sujet qui touchait ce qu'il y avait de fondamental dans ma propre vie. En faisant cela, j'ai rejoint le monde entier.

Je ne recommande que le succès ! Lorsque plein de gens vous disent : « Je voudrais faire un film avec toi », on voit apparaître des millions de possibilités. Ainsi, lors du Festival des films du monde en 1991, j'ai reçu une petite lettre d'Anthony Hopkins, intéressé à travailler avec moi. Cette possibilité nouvelle m'a beaucoup excité. La seule chose qui puisse être dangereuse pour un réalisateur, j'ai pu le constater, c'est d'obtenir un très gros succès très jeune parce qu'une sensation aussi forte peut paralyser, déséquilibrer. Mais pour moi le succès n'est venu que très tard...

Dès que je sais que je vais tourner, tout m'inspire. Je vois des gens, je lis, je vais au théâtre. Je me dis : « Tiens, il y a un film là. » Ou encore : « On pourrait tourner de telle façon. » Je passe mon temps à rechercher des sujets de film. C'est infernal. Je suis perpétuellement à l'affût. Dès que l'on me donne le feu vert, une fois mon salaire réglé et le cadre de production déterminé, tourner m'apparaît comme la chose la plus facile qui soit. Même l'organisation matérielle, les heures supplémentaires de l'équipe. Ce serait, de toute façon, suicidaire de remettre en question le travail à cette étape, car l'équipe est forcément affectée, démobilisée par le manque d'assurance du réalisateur.

Tout au contraire, après avoir fait un film qui ne marche pas, on ne parle à personne. On reste chez soi et on souffre. Un film qui marche donne une liberté totale. Comme si on recevait un chèque en blanc. Voilà la chose la plus précieuse qui soit pour un cinéaste. Je suis parvenu de cette façon, par miracle, à me sortir des millions d'embêtements dont parlent les cinéastes au Québec, que ce soit avec les producteurs, les coproducteurs, la Société générale des industries culturelles ou Téléfilm Canada, et je sais que cette situation privilégiée ne peut qu'être temporaire. Tout de même, je ne veux pas revenir à la situation dans

LA VRAIE NATURE DU CINÉASTE 93

laquelle je me trouvais alors que l'on me refusait la réalisation de Maria Chapdelaine. Donc aujourd'hui, la pression est plus grande, si bien que j'écris de plus en plus lentement. Je sais que l'on attend mon prochain scénario, et avec des fusils chargés !

Qui donc se cache derrière ce « on » menaçant ?
Les critiques ? Rien ne le laisse paraître si on en croit ses relations avec eux depuis trente ans. Le public ? Il vient de plus en plus nombreux et une enquête menée par les Rendez-vous du cinéma québécois en 1993 donnait Le Déclin de l'empire américain *et* Jésus de Montréal *comme les deux meilleurs films québécois selon le public. Les responsables des organismes de financement public ? Ils reçoivent Denys Arcand avec empressement et investissent des sommes de plus en plus importantes dans ses films. Alors qui ?*

Mon sentiment est diffus. Je suis plutôt bien traité par tous. Mais peut-être au fond ai-je peur que cela cesse. La société québécoise est petite. Elle a des enthousiasmes délirants pour ses héros, mais elle peut tout aussi bien les descendre, les rejeter rapidement. Ainsi, au début des années 70, Claude Jutra était considéré comme le plus grand cinéaste du Québec. *Mon oncle Antoine* a été un très grand succès, *Kamouraska* un peu moins. Après *Pour le meilleur et pour le pire*, Claude Jutra était comme un pestiféré. Il a dû aller travailler à

Toronto. Même chose pour Francis Mankiewicz après *Les Bons Débarras* et *Les Beaux Souvenirs*. Ou encore au théâtre pour Jean Gascon que le Québec avait évacué après l'avoir porté aux nues. Alors je ne peux que me demander quand viendra mon tour, quand cette belle unanimité me concernant prendra un tout autre sens.

Pendant ma tournée de promotion du *Déclin de l'empire américain* en France, je suis passé à Dijon. C'était au mois de février, un soir de tempête de neige. La salle était à moitié pleine, mais c'était tout de même bien car il fallait être courageux pour aller au cinéma par un temps pareil. Au premier rang, il y avait un monsieur et une dame qui avaient entre soixante-cinq et soixante-dix ans. On me demande de rencontrer le public et je les remercie d'être venus. J'ajoute que cela me paraît exceptionnel compte tenu du mauvais temps. L'homme lève la main pour dire qu'il n'est pas entièrement d'accord avec moi. Il me dit que la dernière fois qu'ils avaient vu un de mes films, *Réjeanne Padovani*, en 1974, treize ans plus tôt, sa femme et lui l'avaient trouvé extraordinaire. Il avait alors dit à sa femme, Lucienne, qu'à partir de ce jour-là ils ne manqueraient jamais un film de cet auteur. Il aurait pu pleuvoir des clous qu'ils auraient été là, à cette première dijonnaise du *Déclin de l'empire américain*...

Il m'est arrivé plusieurs expériences de ce genre en Europe. Je n'ai jamais eu de témoignage semblable au Québec, ce qui ne veut évidemment pas dire qu'il ne s'y trouve pas de spectateurs d'une telle fidélité. Quand même, la fidélité ne s'y manifeste pas de la même façon, ou alors j'y suis moins sensible parce que j'ai trop peu de distance. De manière très rationnelle, je n'ai aucune raison de me montrer inquiet, et pourtant j'ai le sentiment d'une situation très précaire. J'ai l'impression que tout le monde pourrait me dire, du jour au lendemain, que je suis fini. Je le sens à de petits signes, par exemple cet article paru dans ce numéro hors série de l'hebdomadaire *Voir* intitulé *Nos 100 meilleurs films*[3]. Richard Martineau y écrit, pour se démarquer, que mes deux plus récents films, *Le Déclin de l'empire américain* et *Jésus de Montréal*, ont mal vieilli et n'ont plus d'intérêt. S'ils lui avaient plu à leur sortie, c'était pour de

---

3. Le rédacteur en chef de *Voir* écrivait, dans ce numéro paru à l'automne 1992 : «Aucun cinéaste québécois n'est aussi ancré dans son époque que Denys Arcand. Ses films flottent littéralement sur l'air du temps. *Gina* et *La Maudite Galette* critiquent le misérabilisme des années 70, alors que *Le Déclin de l'empire américain* et *Jésus de Montréal* brossent un tableau saisissant du Québec des années 80.

« S'ils témoignent brillamment de leur époque, les films d'Arcand vieillissent par contre très mal. Il suffit de jeter un coup d'œil sur le *Déclin* et *Jésus* pour s'en rendre compte. Autant ces contes moraux nous avaient séduits à leur sortie, autant ils nous paraissent maintenant artificiels, figés, empruntés. Denys Arcand est tout le contraire d'Éric Rohmer : ses films n'acquièrent pas une grâce nouvelle au fil des ans; ils perdent de leur patine, et prennent de l'embonpoint.»

mauvaises raisons. Il leur préfère un documentaire, *Le Confort et l'Indifférence*. Je vois là l'expression de ce désir qu'ont souvent les journalistes de trouver le nouveau, le plus récent, que ce soit François Girard ou Olivier Asselin, par ailleurs extrêmement doués, pour indiquer où se trouve désormais la vérité. C'est avec cette façon d'éliminer le passé que l'on a décidé, un jour, que Claude Jutra était fini. Je suis d'autant plus sensible à ce phénomène que j'étais un de ceux qui devaient le remplacer... Pourtant, les œuvres ne s'annulent pas. Elles s'additionnent. Ma crainte est purement intuitive, sans motivation réelle. Je sais toutefois que le vent peut tourner.

Aujourd'hui, j'ai plus de prestige que je n'en veux. Côté argent, j'ai tout ce qu'il me faut. Mes besoins sont modestes. Par exemple, j'ai eu une offre de Hollywood pour y tourner un de ces films comme on en voit cinquante tous les jours sur les écrans. Le producteur m'offrait environ 800 000 $ US et pourtant j'ai refusé, notamment en raison de mon âge. Si j'avais l'âge d'Yves Simoneau, qui fait maintenant carrière en Californie, ma réaction aurait été différente. Mais voilà, j'ai déjà une vie derrière moi et je ne suis pas sûr d'avoir le goût d'aller vivre à Los Angeles, une ville que je n'aime pas beaucoup. Pas le goût non plus de recommencer, de refaire mes preuves. Je suis bien à Montréal, mais il est sûr que les conditions de vie en Californie paraissent parfois bien séduisantes :

le climat, les impôts, etc. En fait, je n'accepterais une offre de Hollywood que si j'estimais pouvoir être relativement satisfait du film au bout du compte. Comme aujourd'hui je peux faire ce que je veux, ce serait vraiment ridicule de ma part de me consacrer à une commande. Je préfère donc investir mon énergie dans des projets qui m'engagent complètement. Et ce n'est pas héroïque de ma part puisque je sais que l'on va me payer convenablement pour travailler à un projet qui me tient à cœur.

J'ai peu de regrets parce que j'ai une certaine confiance en l'avenir. Tout de même, après la sortie de *Réjeanne Padovani,* deux importants producteurs français m'ont offert de travailler avec eux en France. J'avais alors préféré rentrer au Québec. J'ai beaucoup repensé à ce refus pendant ces années où je ne tournais pas. J'avais l'impression d'avoir raté quelque chose. Aujourd'hui, je me dis plutôt qu'il m'est arrivé autre chose.

Les Américains m'ont fait plusieurs offres très sérieuses. Et il a, un certain temps, été question d'un *remake* américain du *Déclin de l'empire américain.* Le projet était en développement à la Paramount, au même titre que deux cents autres. Ils ont d'abord commandé une première version puis retravaillé le scénario, tout en demeurant très fidèles à l'original. Puis ils ont abandonné le projet. Je ne devais pas réaliser le film mais on m'avait engagé comme conseiller à la scénarisation. Le producteur avait demandé au scénariste de transposer l'histoire dans une université américaine. Alors celui-ci était retourné où il avait étudié, dans le Mid-West américain. Comme les professeurs d'université américains ne sont pas syndiqués, il existe entre eux une compétition telle qu'elle leur empoisonne l'existence et exerce un poids terrible sur leurs rapports. Il devenait alors impossible d'imaginer que cinq professeurs d'une faculté puissent être amis depuis toujours et maintenir des rapports fraternels sachant qu'ils devraient s'affronter parce que les recherches de l'un ont été publiées et celles de l'autre pas. Ou encore parce que l'un a pu être publié par Harvard et l'autre par l'Université du Minnesota.

Le scénariste américain voulait respecter cette réalité, aussi il lui fallait évacuer l'amitié entre eux. Modifié de la sorte, le scénario devenait extrêmement aigre. Le cynisme du scénario original devenait alors insupportable. Par ailleurs, depuis la sortie du film, la société avait changé. Face à l'épidémie du sida, il devenait difficile de montrer un personnage qui baise tout le temps. La toile de fond du film était les années 70, pas les années 80. Il ressortait de tout cela que l'histoire que je racontais ne pouvait être vécue qu'au Québec. Peut-être au Canada anglais, pas aux États-Unis.

J'ai tout de même trouvé cela très stimulant de travailler avec ce scénariste américain, David Giler, quelqu'un de très professionnel qui a notamment écrit *Alien* et *Beverly Hills Cop II*. Il me disait que le scénario aurait été bien meilleur si j'avais fait tel changement ici et là et il avait entièrement raison. Les scénaristes de métier aux États-Unis sont d'une habileté démoniaque. Giler m'avait entre autres choses proposé d'améliorer le film sans avoir à retoucher les dialogues, tout simplement en établissant qu'au moment où tous partent à la campagne, le vendredi après-midi, on apprend qu'il y a un seul poste de professeur permanent à combler. Il y a alors deux candidats, les personnages interprétés par Louise Portal et Daniel Brière. Tous leurs collègues réunis avec eux cette fin de semaine auront à voter le lundi matin. Alors on peut se demander si le jeune homme couche avec le personnage interprété par Dominique Michel pour augmenter ses chances ou encore si celui de Louise Portal nuit à sa candidature en envoyant promener ses collègues pour aller rejoindre l'homme qu'elle aime. Le niveau de tension s'en trouve décuplé et pourtant on ne change rien aux dialogues. Il suffit d'ajouter une courte scène au début, une autre à la fin. Les services d'un scénariste comme Giler coûtent 350 000 $...

Si les Américains me font une cour soutenue, par des lettres, des appels, des propositions, je n'ai pas reçu d'offres des Français malgré le succès qu'a remporté *Le Déclin de l'empire américain* dans leur pays. À un certain niveau de la société parisienne subsiste ce regard hautain sur les Québécois, celui que l'on réserve au petit cousin paysan. On ne vaincra jamais cette résistance. Seul le producteur Alain Sarde m'a dit un jour à Hollywood, avant de monter dans un taxi, de lui faire signe si mes producteurs canadiens cherchaient un coproducteur français. À la différence des Français, les Américains sont animés de cette volonté organisée, consciente, d'aller chercher le talent où il se trouve, où que ce soit dans le monde entier. Tout ce qu'ils se demandent, c'est s'il est possible de gagner de l'argent avec un réalisateur. Voilà à la fois leur force et leur limite.

La seule chose qui changerait si j'avais un plus gros budget pour mon prochain film, ce serait mon rapport avec le temps. Je demanderais avant tout plus de temps de tournage, comme je crois tous les réalisateurs. Je ne changerais ni le scénario ni l'action, mais je demanderais soixante ou soixante-cinq jours de tournage. Voilà mon ambition ! J'envie Woody Allen qui regarde les *rushes* de son film et qui peut se permettre d'en retourner le tiers. Tourner cinq jours supplémentaires après un premier montage du film, quel bonheur... Par contre, je ne saurais que faire de plus d'équipement ou d'une plus grosse équipe. Quarante-cinq personnes me suffisent amplement. Il est parfois payant d'investir davantage dans une production. Ainsi, c'est la confiance du producteur René Malo qui a fait passer le budget du *Déclin de l'empire américain* de 800 000 $ à 1 600 000 $. Il souhaitait qu'on ne se limite pas à filmer des conversations autour d'une table en 16 mm...

L'artiste et ses responsabilités

Denys Arcand utilise parfois le mot artiste. Il le met alors entre guillemets, comme si ce qualificatif ne lui appartenait pas, comme s'il désignait un statut incertain, improbable, ou du moins qui s'accorderait mal avec sa condition de réalisateur et le cinéma. Il est vrai que l'industrie cinématographique, même québécoise, se préoccupe assez peu des artistes. Elle leur préfère généralement les vedettes, les réalisateurs bien cotés, les scénarios en béton, les sujets brûlants, les gros investissements, les recettes au guichet, les ventes à l'étranger et les marges de profit. Malgré la Loi québécoise sur le statut de l'artiste, le mot ne fait pas partie du vocabulaire de la profession ni d'ailleurs de son approche de la création. Aussi il n'y a rien de surprenant à ce que Denys Arcand commence tout juste à se considérer comme un artiste.

Au début, je faisais du cinéma très terre à terre. J'étais alors fonctionnaire à l'Office national du film. Après, comme bien d'autres, j'ai joué à être un cinéaste ouvrier ou, en tout cas, un porte-parole de la classe ouvrière, avec des films comme *On est au coton*, *Québec : Duplessis et après...* et *La Lutte des travailleurs d'hôpitaux*. Dans ce contexte, le mot artiste sonnait très faux à mes oreilles. Je l'associais davantage aux peintres et aux sculpteurs. Puis, je me suis réconcilié avec ce terme en me disant que cela ne servait à rien de me raconter des histoires : je suis un artiste, un artiste qui s'exprime à travers le cinéma. Finalement, il y a peu de différence entre ce que je fais et la démarche d'un peintre ou d'un écrivain. Bien sûr, les conditions d'exercice du cinéma sont différentes, mais il n'y a pas à en avoir honte...

Certains artistes sont de toutes les causes. La dégradation de la couche d'ozone les inquiète, ils se font les porte-parole convaincants de la cause des femmes battues, donnent un spectacle pour soutenir la recherche sur le sida ou encouragent les revendications des populations autochtones à grand renfort de déclarations et de pétitions. Il arrive même que certains endossent publiquement le programme d'un parti politique. Le Parti québécois, notamment, a tiré profit de cette propension. Denys Arcand, s'il est maintenant très sollicité, se montre plutôt discret, évitant de faire usage de sa notoriété pour donner du poids à ses opinions, sinon pour défendre, avec d'autres intellectuels, l'enseignement de la philosophie au niveau collégial. On peut y voir la confirmation de son manque d'assurance face à ses propres idées, ou encore, derrière ce code de déontologie très rigoureux, la volonté de prendre ses distances pour se consacrer davantage à la création.

Ma principale responsabilité est de faire des films, de bons films, des films qui soient toujours meilleurs. C'est mon seul devoir face à mes concitoyens. Alors j'essaie de garder toute mon énergie pour faire ces films. À part cela, j'ai finalement très peu d'énergie. Je n'accepte les propositions de toutes sortes qu'on me fait que lorsque je n'ai pas le choix. Si l'on me rend un hommage par exemple et qu'en retour on me demande de jouer tel ou tel rôle à telle occasion. Tout de même, si je le peux, j'accepte de rencontrer de jeunes cinéastes parce que je me souviens très bien de tous ces gens qui ont pris le temps de m'aider quand j'ai fait mes débuts à l'Office national du film. C'est ainsi que ces dernières années je suis allé au Canadian Film Centre, l'école de cinéma mise sur pied par Norman Jewison à Toronto. Pour les mêmes raisons, je suis membre du conseil d'administration de l'Institut national de l'image et du son, l'INIS, le projet québécois d'école de cinéma.

Comme je crois que l'intelligence consiste à se poser des questions, à douter, je ne parle publiquement que de ce que je connais très bien. Et ce que je connais, c'est la culture. C'est d'ailleurs à partir de ce domaine que je juge un gouvernement. S'il ne fait rien de valable en matière culturelle, il n'y a pas de raison, selon moi, pour qu'il soit plus efficace dans d'autres secteurs...

Je n'ai voté que deux fois dans ma vie. La première, pour le Nouveau Parti démocratique dès que j'ai eu l'âge de voter. Je voulais voir à quoi ressemblait un *poll*. La deuxième, en 1974, pour le Parti québécois parce que j'étais à la campagne, que j'avais le temps et que j'étais inscrit. Je ne crois pas voter de nouveau. C'est dans les années 60, jusqu'au tournage de *On est au coton*, que j'ai été le plus près de la politique, surtout à la période où j'étais associé au magazine *Parti Pris*. J'étais moins politisé que mes collègues, avec lesquels j'avais étudié à l'université, mais j'étais dans leur mouvance, réclamant un Québec indépendant, socialiste et laïque. Toutefois je n'en étais pas, comme eux, à me demander quelle était la meilleure manière de parvenir à nos fins. J'étais quand même très sensible à ce bouillonnement incroyable que vivait le Québec.

Par la suite, ce sont mes films qui m'ont amené à prendre mes distances par rapport à la politique. Lorsque j'ai fait *On est au coton*, un film qui a fait l'objet de la censure de l'Office national du film pendant sept ans, j'étais entouré de marxistes et de marxisants qui parlaient constamment de la classe ouvrière. Et je ne savais rien de la classe ouvrière. Mon père était marin, un métier apolitique. Qui plus est, il était pilote, un métier technique bien payé. Je ne connaissais pas d'ouvrier, je ne savais pas ce qu'était une usine. La meilleure façon de découvrir ce milieu était d'aller y faire un film. J'ai donc passé deux ans en milieu ouvrier pour me rendre compte qu'il n'y avait pas de révolution à l'horizon, qu'au mieux les ouvriers les plus brillants deviendraient des patrons, que les autres crèveraient de maladies industrielles ou perdraient leur emploi au profit du Japon ou d'un pays du tiers monde. Ils seraient donc libérés malgré eux, à la fermeture de leur usine. On était très loin du Grand Soir. Le film interrogeait le monde politique, aussi il allait de soi, après cela, que je me consacre à *Québec : Duplessis et après...* Ce documentaire m'a permis de me rendre compte que la politique changeait très peu au Québec et que les partis politiques québécois étaient tous dans la filiation de l'Union nationale de Maurice Duplessis. Ce constat m'a rendu plus lucide face à la politique.

Près de dix ans plus tard, lorsque j'ai tourné *Le Confort et l'Indifférence* autour de la campagne référendaire sur le projet de souveraineté-association soumis par le gouvernement du Parti québécois, je ne me suis placé du côté d'aucun parti, mais bien du côté du cinéma. J'ai pris une distance face aux événements grâce aux interventions de Machiavel. Le niveau du débat me semblait aussi bas dans les deux camps. Alors je n'ai aucun avis ! Je suis prêt à suivre celui de la majorité. Qu'on me dise à qui payer mes impôts... Rien ne m'enthousiasme dans les débats qui entourent ces questions. J'ai toujours eu des ennemis des deux côtés, ce qui, longtemps, m'a embêté et m'a compliqué les choses au moment de tourner mes documentaires sur des événements politiques. Mais n'est-ce pas le rôle d'un cinéaste que de se placer dans la position de l'anarchiste ? Je n'ai rien d'un soldat qui marche au pas. Je suis plutôt une forte tête, comme on disait chez les jésuites. Aujourd'hui, la politique ne m'intéresse plus, y compris la problématique de l'indépendance du Québec. Lorsque je pense à tout l'argent que les gouvernements investissent dans la Défense, le Stade olympique de Montréal ou diverses industries, je ne me sens nullement coupable d'aller chercher quelques millions pour le tournage d'un film. De fait, on pourrait investir chaque année dans quelques films de vingt-cinq millions de dollars et on serait encore bien en deçà de l'indécence. D'ailleurs, toute la structure industrielle du Canada repose sur des subventions gouvernementales. Il n'y a pas un seul secteur de l'activité économique, de l'agriculture à l'aéronautique, qui puisse fonctionner sans l'aide de l'État, déguisée ou pas.

En fait, je n'aurais de problème moral que si l'argent que l'on met dans un de mes films ne se trouvait pas sur l'écran. Ce qui change tout maintenant pour moi, c'est que mes films font à peu près leurs frais. On ne me confie pas quatre millions de dollars pour que je tourne un film qui tiendra trois semaines en salle. Il ne s'agit pas d'investir dans un trou noir : on m'accorde une avance. J'ai maintenant une clientèle de distributeurs et de spectateurs. Cela change complètement l'équation et cette réalité compte beaucoup pour moi. Je ne me soucie pas vraiment du public au moment d'écrire ou de tourner, mais je suis sensible au prix du billet de cinéma. Si l'on demande 8 $ à quelqu'un, il faut lui en donner pour ce montant. J'ai un sentiment de malaise si je vois un film complètement vide, j'ai l'impression d'avoir été volé. Les films qui coûtent quatre millions de dollars et qui tiennent deux semaines en salle constituent un réel danger, celui de nourrir une industrie du cinéma où tout le monde est bien payé mais qui ne s'adresse plus à personne. Je sais que je choque quand je dis cela, mais je crois sincèrement que l'on tourne trop de films au Québec par rapport au nombre de scénarios que l'on écrit. Pourtant, cela coûte beaucoup moins cher d'investir dans l'écriture de plusieurs projets que dans des films qui ne sont pas prêts à être tournés...

Quoiqu'on ait fait de lui, de manière implicite, le porte-étendard du cinéma québécois, le cinéaste modèle par qui le succès arrive, Denys Arcand ne se sent pas d'obligation à tourner en français. Des années avant de tourner Love and Human Remains, *il avait déjà travaillé en anglais en collaborant à la série* Empire inc., *dont il a réalisé trois des épisodes. Denys Arcand prend soin de relier ce choix moins à une volonté de percer sur le marché anglophone qu'à la recherche d'une indispensable correspondance entre un scénario et une langue de tournage.*

Tout dépend de la nature du projet. De quoi est-il question ? J'ai des problèmes moraux lorsqu'on tourne *Black Robe* avec de l'argent canadien et que Champlain y parle anglais, alors qu'on aurait pu faire un film en plusieurs langues et respecter, du même coup, la diversité de langues chez les Amérindiens. C'était pourtant cela la réalité du XVIIe siècle ! Le problème n'est pas tant de tourner un film en langue anglaise au Québec, mais bien de tordre la réalité pour mieux vendre son produit. Le sujet devrait déterminer le choix linguistique. Cela me rappelle cette définition de Michel Brault : « La pornographie, c'est quand c'est fait pour faire de l'argent. » Voilà, selon moi, un éclair de génie. Il aurait été absurde, alors que je comprends et parle l'anglais, de tourner *Love and Human Remains*, l'adaptation de la pièce de Brad Fraser, en français, d'autant plus qu'une œuvre traduite perd toujours de sa richesse. Toutefois, il y aurait eu matière à débat si j'avais, par opportunisme, adapté en anglais pour le cinéma une pièce de Michel Tremblay. Ce n'est pas le cas.

Une langue, cela ne se défend pas. Cela vit tout seul, sans que des mouvements conscients puissent influencer, d'une manière ou d'une autre, sa situation. C'est en quelque sorte comme la dérive des continents, on n'y peut rien. Si l'anglais doit être la langue dominante au XXIe siècle, ce sera comme la lave d'un volcan. On pourra soit être enseveli, soit être enseveli en protestant !

La famille éclatée

Denys Arcand fréquente peu ses collègues, contrairement à ce qu'il faisait à ses débuts à l'Office national du film qu'il évoque avec affection. Toutefois, il se défend bien d'être nostalgique, ou de cultiver des souvenirs embellis. Peut-être ne faut-il voir entre ces deux attitudes que le fossé qui sépare, naturellement, un groupe de cinéastes dans la fleur de l'âge qui, par-delà leurs films, travaillaient tacitement à un projet commun et un ensemble de créateurs, plus nombreux, en situation de concurrence, qui, en conformité avec leur époque, se concentrent sur leur œuvre personnelle.

On ne se voit jamais. C'est étrange et je ne sais vraiment pas pourquoi. Et c'est comme cela depuis des années. Déjà, au début des années 70, lorsque j'ai abordé la fiction, je ne voyais pas les autres cinéastes. J'étais tout seul. Peut-être parce qu'on n'est jamais en synchronisme : quand je tourne, les autres écrivent, et vice-versa. Être cinéaste, c'est exercer un métier solitaire. Pour

Montréal vu par... auquel participaient aussi Michel Brault, Atom Egoyan, Jacques Leduc, Léa Pool et Patricia Rozema, on n'a jamais pu tenir une réunion où nous nous trouvions tous les six ! Mes amis sont plutôt des romanciers. Jacques Leduc est le cinéaste dont je suis le plus proche. Notre amitié remonte au début des années 60, alors que nous travaillions à l'Office national du film. Malgré tout, nous ne nous voyons que rarement. Et nous ne parlons jamais précisément d'un projet de film. Plutôt de conditions de travail, de possibilités de tournage, de tel technicien. Et même cela, c'est rarissime.

Dans les années 60, à l'Office national du film, les choses étaient très différentes. Tout le monde se trouvait au même endroit. Nous formions une communauté de gens qui vivaient ensemble jour et nuit et qui fêtaient tout le temps. Autour de moi, il y avait des intellectuels comme Jean Lemoyne, André Belleau, Hubert Aquin. Les cinéastes avaient recours à moi dès qu'ils voulaient un jeune homme en voiture sport dans un film. Même que c'est moi qui double Barbara Ulrich, avec un fichu, au volant de ma voiture, dans *Le Chat dans le sac*, car elle ne savait pas conduire. Aujourd'hui, les mêmes personnes se trouveraient réparties aux quatre coins de la ville et ne se verraient que dans un festival à l'étranger, au hasard d'une sortie de film. J'ai connu bien des cinéastes québécois dans des festivals à l'extérieur du

Québec, Sophie Bissonnette à Liège, François Girard à Toronto. Cette incroyable effervescence n'a duré que quelques années. En 1965, après que Fernand Dansereau eut quitté la direction de l'équipe française, c'était déjà terminé. Cela s'est mis à ressembler à ce que l'on connaît maintenant... Quand je suis retourné à l'Office national du film pour y tourner *On est au coton,* tout ce que j'avais connu à mon arrivée dans cette institution n'existait plus. Il ne restait plus que quelques personnes. Et puis, peu à peu, il m'a semblé que la qualité technique diminuait et qu'il devenait de plus en plus difficile d'y travailler, comme je l'ai constaté au moment où je réalisais *Jésus de Montréal* et que je souhaitais tourner une scène dans un corridor. La famille avait éclaté. Elle me manque toujours. Tous ceux qui ont connu cette période en parlent avec regret et nous allons certainement continuer d'en parler jusqu'à notre mort. Les seuls professionnels du cinéma qui ont peut-être connu quelque chose de semblable sont les cinéastes des grands studios aux belles heures de Hollywood ou les équipes des grands studios allemands vers 1925.

À l'occasion, je rencontre des collègues de l'étranger. Mais, en règle générale, les cinéastes ne se parlent pas. Curieusement, ce sont notamment les Oscars qui m'ont permis de rencontrer des cinéastes étrangers. À l'initiative de George Cukor, je crois, les cinéastes de Hollywood reçoivent à déjeuner les cinéastes dont les films sont en nomination pour l'Oscar du meilleur film en langue étrangère. J'y suis donc allé deux fois. À l'une de ces rencontres, il y avait Akira Kurosawa à qui on rendait hommage cette année-là. J'ai pu le saluer, c'est tout, car il était entouré du gratin de Hollywood, par exemple Steven Spielberg. Mon voisin de table était alors Oliver Stone et je me souviens que nous avons parlé des figurants, le cauchemar des réalisateurs. Il tournait alors de nuit les scènes de spectacles du film *The Doors* et devait diriger deux mille figurants complètement gelés...

Ce genre de discussion entre nous n'est pas fréquente. Le plus souvent on se croise. Ainsi, je me souviens d'avoir rencontré Bertrand Tavernier à Cannes tout à fait par hasard. Comme nous étions devant une terrasse à l'heure du repas, nous avons pu manger ensemble. Il me faut des hasards comme celui-là pour provoquer des rencontres, car je suis très timide. Je ne m'imagine pas, en voyage à l'étranger, frapper à la porte d'un cinéaste que j'admire pour lui parler de telle séquence de l'un de ses films. J'ai besoin d'un prétexte. Ainsi, lorsque le Festival des films du monde a rendu hommage à William Friedkin, le réalisateur de *The French Connection, The Exorcist, Cruising,* comme *Jésus de Montréal* est un de ses films préférés, il a communiqué avec moi. Nous avons passé une soirée très agréable ensemble.

Le seul cinéaste que j'ai véritablement eu la possibilité d'écouter, le seul maître du cinéma à qui j'ai pu poser des questions, c'est Roberto Rossellini. Il était venu à Montréal en 1963 et Claude Jutra l'avait invité à la maison de son père, à Boucherville. Rossellini était très éloquent. Je n'oublierai jamais ces deux heures avec lui. C'était merveilleux. L'un d'entre nous lui avait dit : « Ici il est très difficile de faire du cinéma parce qu'il n'y a pas d'argent. » Rossellini avait répondu, dans un excellent français : « Il n'y a jamais d'argent ! » Selon lui, pour être cinéaste il fallait avoir un tailleur... À la fin de la Deuxième Guerre mondiale, quand Rome a été libérée, alors que personne n'avait un sou, il s'est rendu chez un tailleur. Il lui a dit qu'il était un metteur en scène de grand talent et qu'il lui fallait un très beau complet qu'il ne pouvait pas lui payer sur-le-champ, mais qu'il lui rembourserait lorsque ses films connaîtraient d'importants succès. Convaincu, le tailleur lui a donc confectionné un complet magnifique et, ainsi vêtu, Rossellini est allé voir des banquiers. Il leur a répété qu'il était un metteur en scène de grand talent. De cette façon, il a emprunté aux quatre coins de la ville et il a pu tourner *Rome ville ouverte*. Le film a connu un très gros succès.

Rossellini est donc retourné voir son tailleur à qui il a payé le complet usé et en même temps, c'était là son secret, il en a commandé un nouveau à crédit. Selon lui, si un jour tout le monde dans le cinéma italien avait dû rembourser ses dettes, le cinéma italien aurait cessé d'exister instantanément puisque ce cinéma s'était construit avec de l'argent jamais rendu. Pour conclure, il nous avait dit de cesser de nous plaindre et d'aller emprunter de l'argent pour pouvoir tourner ! Un homme très impressionnant...

S'il évoque volontiers le travail de cinéastes qu'il respecte, s'il est familier avec leurs méthodes de travail et leurs habitudes et qu'elles nourrissent ses conversations, Denys Arcand ne cède à la tentation de la citation ni à l'étape de l'écriture ni au moment de la réalisation. Il ne se prête pas à ce jeu raffiné des références subtiles, ou appuyées, qui fait partie intégrante de la signature de réalisateurs comme Léos Carax, Woody Allen ou Brian de Palma. Le cinéma constitue pour lui un moyen d'expression dont il apprend, au fil des tournages, à maîtriser le langage et les outils beaucoup plus qu'un art codé où il faudrait non seulement conter une histoire et émouvoir le spectateur, mais également revendiquer une filiation plus ou moins exclusive avec tel collègue, tel maître, afin de prendre clairement sa place dans l'histoire du cinéma. Si le cinéaste rejette pour lui-même cette approche référentielle, dans le sketch de Patricia Rozema dans Montréal vu par..., *l'hommage qui lui est rendu l'amène à tenir son propre rôle. Et il reçoit avec humour le premier film de Claude*

Fortin, Le Voleur de caméra, dans lequel le personnage entreprend le tournage vidéo d'une version du Déclin de l'empire américain adaptée aux préoccupations de sa génération.

Les Français sont les champions mondiaux de la citation cinématographique. Je n'y vois pour ma part aucun intérêt. D'ailleurs, il n'y a pas de cinéaste que j'admire totalement. Ce que j'aime, ce sont des films. Et ce qui m'intéresse, c'est d'entendre une voix qui m'aide à vivre, qui me parle. Un certain cinéma de divertissement m'amuse — *Pop corn movies but with a lot of butter on it*, comme le dit si bien Steven Spielberg —, mais pour que je sois vraiment intéressé, il faut cette voix qui m'aide à vivre. Celle d'un être humain qui me parle de lui, de ce qu'il aime, de ce qu'il déteste et qui me dit quelque chose. Je veux entendre cette voix-là au cinéma et aussi la faire entendre à travers mes films. Dire aux autres : « Je suis ici, à Montréal, aujourd'hui, et voici ce avec quoi je me débats. J'espère vous toucher quand je vais vous dire qui je suis. » Tout le reste est accessoire. Aussi, lorsque je pense aux films d'auteurs, je n'oppose pas les drames sociaux et les films d'action ou quoi que ce soit du genre. J'estime par exemple que Steven Spielberg est un pur auteur. Il ne fait que ce qu'il veut et il se produit lui-même.

Je me méfie aussi, depuis toujours, du syndrome *Sunset boulevard*, celui auquel cèdent tous ces cinéastes qui ont sur leurs murs les affiches laminées de tous les films qu'ils sont parvenus à tourner. Alors je ne garde que quelques photos de tournage, dans un classeur, et je détruis tout le reste, ou alors je donne. Aucune affiche de cinéma. Ni trophées ni médailles alignés dans la bibliothèque. Pas davantage de copies de mes films. C'est tout à fait irrationnel et cela a toujours été comme cela. Peut-être parce que je me dis que le film important sera le prochain. Et que je ne veux rien savoir du passé. D'ailleurs, je ne tiens pas particulièrement à revoir mes films. Avec le recul, je les trouve toujours mal tournés. Il me semble chaque fois que je devrais les refaire. Tout de même, il y a quelques années j'ai vu *Champlain* à la télévision, tout à fait par hasard, j'étais alité, et j'ai eu du plaisir, comme si je regardais le film de quelqu'un d'autre. Habituellement, ce n'est pas du tout le cas, car je suis de près le montage de mes films et à la fin je les connais par cœur.

La campagne et le caviar

Denys Arcand se considère très près du monde rural qui le ramène à son enfance à Deschambault. Pourtant, tous ses films de fiction reflètent la vie urbaine, les conditions de vie des gens des villes, même Le Déclin de l'empire américain *et* Gina *qui se passent à l'extérieur de la ville mais, en tout ou en partie, parmi les gens de la ville.*

Comme tous les jeunes cinéastes, j'ai souvent eu l'impression que l'on ne m'offrait pas les films qui m'auraient intéressé. Ainsi, on ne m'a pas proposé de tourner *Kamouraska*, pourtant je suis né à la campagne. J'y ai grandi et j'y ai vécu ma première histoire d'amour contre la volonté de tout le village. Je me suis alors révolté pour la première fois. C'était une jeune anglophone ontarienne de Hamilton que ses parents avaient envoyée au couvent de Deschambault pour un été. Elle n'a pas appris un mot de français, j'ai appris l'anglais... Alors les rideaux qui s'ouvrent pour regarder passer les gens, des yeux partout, les rumeurs, les calomnies, les dessous de la culture religieuse, tout cela est très proche de moi. Quand je pensais au roman d'Anne Hébert, je ne rêvais pas tant d'en faire un film historique que d'évoquer la passion dans un village québécois. C'est Claude Jutra, très à la mode à cette époque mais très loin de cet univers campagnard, qui a réalisé le film... Ce genre de frustration arrive constamment à tous les cinéastes.

Exception faite de *Maria Chapdelaine*, je n'ai jamais développé de sujet proprement rural. Cela viendra peut-être. Le monde rural que je connais est toutefois très différent de l'image traditionnelle qu'en donne le cinéma québécois. Ma mère peignait très bien à l'huile. Elle jouait de la guitare classique et du piano, du Chopin et du Bach. Même chose pour mes tantes. Rien à voir avec les *reels* et les *sets carrés* avec lesquels nous avions un rapport sympathique mais distant. Ma mère aimait dire : « C'est bâti sur deux accords pour les gens qui ne connaissent pas mieux... »

Mes parents ont toujours habité à la campagne, mais ils ont fait leur voyage de noces en Europe en 1938. Ils y ont passé quatre mois. Alors, quand ils parlaient de musique, ils pensaient à l'Opéra de Paris et à la Scala de Milan. Ils n'y sont jamais retournés mais, pour eux, la culture c'était cela, pas autre chose. J'ai donc grandi dans un milieu où on allait voir la Comédie-Française en tournée à Québec. Mais je comprends très bien que Pierre Perrault, qui venait d'un tout autre milieu, ait été fasciné par les habitants de l'île aux Coudres et leur façon de vivre.

Mon père avait fait le cap Horn. Son métier l'avait amené à voyager de l'Argentine à l'Australie. Alors pour lui les marins qui pilotaient des goélettes étaient de pauvres types, sympathiques, mais tout de même... Dans les années 50, tous les matins avant d'aller au collège, je mangeais du caviar de la mer Noire sur mes toasts. Cela n'avait rien de snob, c'était ce que mon père rapportait des bateaux russes, comme le curry des bateaux indiens.

Avec *Jésus de Montréal*, j'ai voulu revenir sur mon rapport avec la religion. J'ai été élevé par une mère qui a été carmélite et par un père très religieux. Cela a baigné mon enfance jusqu'à l'âge de quinze ans. Par la suite, j'ai coupé tout lien avec toute forme de religion organisée. Malgré cela, les paroles de Jésus font partie de moi, habitent ma pensée. Je sais l'Évangile par cœur. Cet héritage est très lourd et je ne peux rien y changer. Alors j'ai voulu réconcilier l'agnostique que je suis devenu, rendu célèbre par un film sur la sexualité, avec son enfance. Comme dans le cas du *Déclin de l'empire américain*, il y avait, dans l'écriture et dans la réalisation de ce film, une forme de psychanalyse, exercice que j'ai tenté de poursuivre en écrivant un scénario autour de la mort de mes parents. Mais, de toute évidence, il s'agissait là d'événements trop récents. Il faut laisser décanter.

Dans *Jésus de Montréal*, je voulais montrer le contraste entre un acteur amené à se vendre dans l'univers médiatique et l'aspiration à une vie plus intelligente, faite de plus de compassion. J'ai ensuite nourri cette réflexion sur la tension entre un idéal, religieux ou artistique, et la réalité par des recherches sur le Christ. Je sens la même tension entre la voix de Jésus de Nazareth et celle de l'Église, très éloignées l'une de l'autre.

S'il ne présente pas au premier chef le Québec des années 40 et 50 comme un monde replié sur lui-même, à l'enseigne de l'obscurantisme étouffant, Denys Arcand pose un regard très dur sur le Québec contemporain. Échappant à la complaisance et à la flagornerie, il ne s'en tient pas aux compliments d'usage qu'impose habituellement une certaine célébrité. *Ainsi, la psychiatre dans Jésus de Montréal demande-t-elle au personnage principal, Daniel Coulombe, un acteur, s'il regrette d'être né au Québec. Question que s'est certainement posée le réalisateur.*

Le Québec demeure une histoire impossible. Il n'y aucune ouverture particulière au Québec, pourtant j'aime bien y vivre. On y est bien. En fait, ma relation avec le Québec est une relation d'amour-haine : j'y suis bien, mais dans ce que je considère tout de même comme une médiocrité heureuse, civilisée. Car le Québec n'a, selon moi, de réelle envergure dans aucun domaine. Si je m'y fais bien, je suis tout de même conscient de ce que c'est. Je ne crois pas être pessimiste quand j'affirme cela, quoiqu'on m'ait souvent accolé ce qualificatif. Simplement lucide. Et je ne suis pas non plus tourmenté, comme pouvaient l'être Paul-Émile Borduas et Claude Gauvreau. Tout simplement conscient..

Nous vivons dans une petite société en marge de l'empire américain. Ne nous faisons pas croire que tout d'un coup cela va devenir une belle société. Ce ne sera jamais vrai. Nous sommes tributaires de nos origines, de l'héritage de ces 60 000 paysans français qui ont été coupés de la mère patrie, et de notre situation politique, aussi nous ne sommes ni le Danemark ni la Suède. Tout de même, si nous avons des lacunes, il faut reconnaître que nous vivons dans une société qui n'est pas violente, pas particulièrement raciste, pas inconfortable et qui n'a pas d'extrême droite. Certes, il y a eu la Révolution tranquille, mais la situation ne me semble pas s'être suffisamment améliorée pour qu'il soit possible de conclure à un avenir glorieux ou à des lendemains qui chantent. Ici, nous devons constamment nous définir, ce qui devient épuisant. On y arrive, bien sûr, mais on y passe sa vie. Si l'on tourne en anglais, cela cause des remous dans le petit monde intellectuel québécois. Et si on le fait en français, il faut d'abord se demander quel niveau de langue on choisira parce que la question des marchés, des débouchés est cruciale. Épuisant !

Je ne dis pas cela pour me plaindre de ma propre situation ou pour laisser entendre que je n'ai pas reçu suffisamment d'encouragement au Québec. Ce n'est pas le cas. Mais lorsque je rencontre Bertrand Tavernier, je suis obligé de constater que ce qui nous distingue au point de départ, c'est que son père était le chancelier de l'Institut de France alors que le mien était pilote et qu'à Deschambault au couvent des sœurs il y avait un seul livre, *Sur le double ruban d'acier,* qu'on lisait à tour de rôle. Il ne s'est jamais rendu à moi. Tavernier a donc abordé son métier avec des longueurs d'avance sur moi. Certes, les Français souffrent du poids de leur culture, d'un certain académisme, alors qu'ici les premiers films sont tournés avec une grande liberté et les jeunes réalisateurs y disent qui ils sont. Mais par la suite plusieurs souffrent, du moins certains d'entre eux, de la pauvreté de leur bagage culturel. Ils participent peu de la culture universelle et s'essoufflent donc plus rapidement.

Le compte à rebours

Depuis quelques années, le rapport de Denys Arcand avec le temps s'est sensiblement modifié. Il lui file entre les doigts et il le sait. Aussi il ne perd jamais de vue l'éventualité de sa mort et le compte à rebours qu'elle installe. Ainsi Le Déclin de l'empire américain *tient du bilan alors que dans* Jésus de Montréal *le refus obstiné des concessions conduit à la mort.*

Je commence à me demander combien il me reste de films à faire, question que je ne me posais pas autrefois. Comme je ne tourne pas tous les ans, probablement pas beaucoup. Je commence à être très conscient de ma propre mortalité. Alors je ne veux pas gaspiller de temps. De plus en plus, je suis conscient de la chance que cela représente pour un cinéaste de pouvoir tourner un long métrage. On fait un geste extraordinaire en donnant trois ou quatre millions à un individu et en lui disant : « Exprime-toi »...

Quand j'étais jeune, les budgets étaient beaucoup plus modestes, mais quand même relativement importants, et je n'y pensais pas. Comme si cela m'était dû, comme si c'était tout à fait normal. En vieillissant, je me rends compte que ce n'est pas normal du tout ! Cette chance-là, je le sais, va repasser trois ou quatre fois pour moi, aussi j'accorde de plus en plus de poids à chaque film que j'entreprends. Je veux, s'il s'agit de mon dernier film, avoir la certitude d'avoir tout donné. Savoir que j'ai utilisé au meilleur de mes possibilités le talent — limité — que j'avais. Tant pis si je me trompe.

Je suis incapable d'imaginer ce que je pourrai faire ou de quoi j'aurai envie de parler dans six ou sept ans. Que cela s'arrête tout de suite ou dans vingt ans n'a d'ailleurs aucune importance. C'est pour cela que le prochain film est très important. Je ne peux pas dire : « Je vais bâcler le prochain, le suivant sera meilleur. » À mon âge, cela prend un sens différent. À trente ans, on fait trois films en trois ans et on se dit qu'il en reste encore deux cents, alors parfois on va au plus vite. Je ne peux plus me permettre cela...

En même temps, il ne faut pas trop se prendre au sérieux. Souvenons-nous de la légèreté de Buñuel... Le cinéma n'est jamais que quelques ombres sur une pellicule de plastique. Il faut donc se méfier des grands sujets et des grands films, revoir régulièrement les films de Laurel et Hardy, et prendre le temps de vivre, d'aimer. Le cinéma n'est pas la fin du monde. Aussi, j'essaie tout simplement de vivre tout en faisant des films. Ce n'est pas un destin si tragique...

Aujourd'hui, quand je regarde d'où je viens, d'où je suis parti, j'ai l'impression d'avoir su faire fructifier mes talents, pour paraphraser l'Évangile. Mais si je me compare à Visconti, je constate que je n'ai aucun talent. C'est lamentable. Mais peut-être Visconti avait-il de pareils complexes par rapport à un autre créateur ?

Maintenant, quand je me lance dans un projet, mes ambitions sont démesurées. Je veux être meilleur que Shakespeare. Puis un jour, je m'arrête en me disant que je ne peux pas aller plus loin. Généralement, j'oscille entre deux pôles face à mon propre travail. Un jour je me dis que la séquence que je viens de tourner est réussie, la nuit suivante elle me paraît tout à fait misérable. Je ne suis jamais rassuré ni content.

Propos recueillis entre novembre 1991 et mai 1993.

Monographies

Denys Arcand, Montréal, Conseil québécois pour la diffusion du cinéma, Cinéastes du Québec, 8, 1971, 51 p.

Dossier Denys Arcand, 24 Images, n°s 44-45, automne 1989, p. 38-68.

ARCAND, Denys, *Le Déclin de l'empire américain,* Boréal, 1986, 173 p. : ill.

ARCAND, Denys, *Duplessis,* Montréal, VLB Éditeur, 1978, 489 p. : ill.

ARCAND, Denys, *Jésus de Montréal,* Montréal, Boréal, 1989, 188 p. : ill.

CHEVRIER, Henri-Paul, *La Distanciation au cinéma : application dans les films de fiction de Denys Arcand,* VII, Montréal, Université de Montréal, 1982, 201 p.

HOFSESS, John, *Inner Views : Ten Canadian Film-Makers*, Toronto, Mc Graw-Hill Ryerson, 1975, 171 p. : ill.

JUTRAS, Pierre, LA ROCHELLE, Réal et VÉRONNEAU, Pierre, *Denys Arcand : entretien, points de vue et filmographie*, Copie zéro, n°s 34-35, décembre 1987-mars 1988, Montréal, Cinémathèque québécoise/Musée du cinéma, 74 p.

LATOUR, Pierre, *Gina : dossier établi par Pierre Latour sur un film de Denys Arcand*, Montréal, L'Aurore, 1976, 126 p. : ill.

LATOUR, Pierre, *La Maudite Galette : dossier établi par Pierre Latour sur un film de Denys Arcand*, Montréal, VLB, Le Cinématographe, 1979, 105 p. : ill.

LÉVESQUE, Robert, *Réjeanne Padovani : dossier établi par Robert Lévesque sur un film de Denys Arcand*, Montréal, L'Aurore, Le Cinématographe, 1976, 111 p. : ill.

POIRIER, Raynald, *Cinéma québécois : dossier : le cinéma d'animation sociale : document de travail : On est au coton de Denys Arcand*, Montréal, Collège Lionel-Groulx, 1971, 106 p.

SÉMINAIRE DE SHERBROOKE, *Dossier de presse : Denys Arcand, 1971-1979, Mark Blandford, 1975-1979*, Sherbrooke, La Bibliothèque, Cinéastes québécois, 1, 1981, 1 vol. : ill.

Filmographie

À l'est d'Eaton
1959 • Réalisation : Denys Arcand, Stéphane Venne • Image : Stéphane Venne • Son : Denys Arcand, Stéphane Venne • Montage : Denys Arcand, Stéphane Venne • Production • Fiction • Noir et blanc • 20 min.

Seul ou avec d'autres
1962 • Réalisation : Denys Arcand, Denis Héroux, Stéphane Venne • Scénario : Denys Arcand, Stéphane Venne • Image : Michel Brault • Son : Marcel Carrière • Musique : Stéphane Venne • Montage : Bernard Gosselin, Gilles Groulx • Production : Association générale des étudiants de l'Université de Montréal • Interprètes : Michelle Boulizon, Nicole Braün, Pierre Létourneau, Carl Mailhot, Marie-José Raymond, Marcel St-Germain • Fiction • Noir et blanc • 64 min.

Champlain
1964 • Réalisation : Denys Arcand • Scénario : Denys Arcand • Image : Bernard Gosselin, Gilles Gascon • Montage : Bernard Gosselin, Werner Nold • Production : Fernand Dansereau • Documentaire • Couleurs • 28 min.

Les Montréalistes
1965 • Réalisation : Denys Arcand • Scénario : Andrée Thibault • Image : Bernard Gosselin • Montage : Monique Fortier • Production : Fernand Danserau • Documentaire • Couleurs • 28 min.

La Route de l'Ouest
1965 • Réalisation : Denys Arcand • Scénario : Denys Arcand • Image : Bernard Gosselin • Montage : Werner Nold • Production : André Belleau • Documentaire • Couleurs • 28 min.

Montréal un jour d'été
1965 • Réalisation : Denys Arcand • Image : Bernard Gosselin • Musique : Stéphane Venne • Montage : Denys Arcand • Production : Raymond-Marie Léger • Documentaire • Couleurs • 12 min.

Volley-ball
1966 • Réalisation : Denys Arcand • Image : Gilles Gascon, Jean-Claude Labrecque, Jean Roy, Thomas Vamos • Son : Ron Alexander, Jacques Drouin, Bill Graziadei, Roger Lamoureux • Musique : Claude

Léveillée, Les Pharaons • Montage : Denys Arcand • Production : Guy L. Côté • Documentaire • Noir et blanc • 13 min.

Atlantic Parks/Parcs Atlantique
1967 • Réalisation : Denys Arcand • Image : Gilles Gascon • Musique : François Cousineau • Montage : Denys Arcand, Pierre Bernier • Production : André Belleau, Jacques Bobet • Interprètes : Marie-José Décarie, Jean Décarie et Jérôme Décarie • Documentaire • Couleurs • 17 min.

On est au coton
1970 • Réalisation : Denys Arcand • Image : Alain Dostie • Son : Serge Beauchemin • Montage : Pierre Bernier • Production : Marc Beaudet, Guy L. Côté, Pierre Maheu • Documentaire • Noir et blanc • 159 min.

La Maudite Galette
1971 • Réalisation : Denys Arcand • Scénario : Jacques Benoit • Image : Alain Dostie • Son : Serge Beauchemin • Musique : Gabriel Arcand, Michel Hinton, Lionel Thériault • Montage : Marguerite Duparc • Production : Marguerite Duparc, Pierre Lamy • Interprètes : Gabriel Arcand, René Caron, J.-Léo Gagnon, Maurice Gauvin, Luce Guilbeault, Andrée Lalonde, Julien Lippé, Hélène Loiselle, Marcel Sabourin, Jean-Pierre Saulnier, Suzanne Valéry • Fiction • Couleurs • 100 min.

Québec : Duplessis et après...
1972 • Réalisation : Denys Arcand • Image : Alain Dostie, Réo Grégoire, Pierre Letarte, Pierre Mignot • Son : Serge Beauchemin, Jacques Drouin • Montage : Denys Arcand, Pierre Bernier • Production : Paul Larose • Interprètes : Robin Spry, Gisèle Trépanier • Documentaire • Noir et blanc • 115 min.

Réjeanne Padovani
1973 • Réalisation : Denys Arcand • Scénario : Denys Arcand, Jacques Benoit • Image : Alain Dostie • Son : Serge Beauchemin • Musique : Walter Boudreau, Christoph Willibald Gluck • Montage : Denys Arcand, Marguerite Duparc • Production : Marguerite Duparc • Interprètes : Gabriel Arcand, Paule Baillargeon, Thérèse Cadorette, René Caron, Frédérique Collin, Luce Guilbeault, Jean Lajeunesse, Roger LeBel, Jean Pierre Lefebvre, Hélène Loiselle, Céline Lomez, Margot MacKinnon, André Melançon, Julien Poulin, Jean-Pierre Saulnier, Pierre Thériault • Fiction • Couleurs • 94 min.

Gina
1975 • Réalisation : Denys Arcand • Scénario : Denys Arcand • Image : Alain Dostie • Son : Serge Beauchemin • Musique : Benny Barbara, Michel Pagliaro • Montage : Denys Arcand • Production : Luc Lamy, Pierre Lamy • Interprètes : Gabriel

Arcand, Paule Baillargeon, Jocelyn Bérubé, Claude Blanchard, Frédérique Collin, Louise Cuerrier, Céline Lomez, Serge Thériault • Fiction • Couleurs • 94 min.

La Lutte des travailleurs d'hôpitaux
1976 • Réalisation : Denys Arcand • Image : Alain Dostie • Son : Jacques Blain • Montage : François Gill • Documentaire • Noir et blanc • 28 min.

Le Confort et l'Indifférence
1981 • Réalisation : Denys Arcand • Image : Bruno Carrière, Alain Dostie, André Luc Dupont, Jean-Pierre Lachapelle, Martin Leclerc, Pierre Letarte, Pierre Mignot, Roger Rochat • Son : Esther Auger, Serge Beauchemin, Richard Besse, Jacques Drouin, André Dussault, Yves Gendron, Claude Hazanavicius, Jean-Guy Normandin • Montage : Pierre Bernier • Production : Jean Dansereau, Roger Frappier, Jacques Gagné • Interprète : Jean-Pierre Ronfard • Documentaire • Couleurs • 109 min.

Brother Can You Spare $ 17 Million ?, épisode II de la série **Empire inc.**
1983 • Réalisation : Denys Arcand • Scénario : Jacques Benoit, Douglas Bowie • Image : Alain Dostie • Son : Richard Besse • Musique : Neil Chotem • Montage : Pierre Bernier, Alfonso Peccia • Production : Mark Blandford, Paul Risacher, Stefan Wodoslawsky • Interprètes : Robert

Clothier, Lyn Jackson, Charles Jolliffe, Alexander Knox, Pamela Redfern, Tony Van Bridge • Fiction • Couleurs • 51 min.

Titans Don't Cry, épisode V de la série **Empire inc.**
1983 • Réalisation : Denys Arcand • Scénario : Douglas Bowie • Image : Alain Dostie • Son : Richard Besse • Musique : Neil Chotem • Montage : Pierre Bernier, Alfonso Peccia • Production : Mark Blandford, Paul Risacher, Stefan Wodoslawsky • Interprètes : Don Granbery, Linda Griffiths, Lyn Jackson • Fiction • Couleurs • 51 min.

The Last Waltz, épisode VI de la série **Empire inc.**
1983 • Réalisation : Denys Arcand • Scénario : Douglas Bowie • Image : Alain Dostie • Son : Richard Besse • Musique : Neil Chotem • Montage : France Dubé, Antonio Virgini • Production : Mark Blandford, Paul Risacher, Stefan Wodoslawsky • Interprètes : Mitch Martin, Michael J. Reynolds, Errol Slue, Joe Ziegler • Fiction • Couleurs • 51 min.

Le Crime d'Ovide Plouffe
1984 • Réalisation : Denys Arcand • Scénario : Denys Arcand, Roger Lemelin • Image : François Protat • Son : Michel Guiffan, Claude Hazanavicius, Jean-Bernard Thomasson • Musique :

Olivier Dassault • Montage : Monique Fortier • Production : Jacques Bobet, Gabriel Boustani, Denis Héroux, Justine Héroux, John Kemeny, Ashley Murray • Interprètes : Gabriel Arcand, Jean Carmet, Pierre Curzi, Serge Dupire, Denise Filiatrault, Rémy Girard, Juliette Huot, Véronique Jannot, Anne Létourneau, Dominique Michel, Donald Pilon • Fiction • Couleurs • 107 min.

Le Déclin de l'empire américain
1986 • Réalisation : Denys Arcand • Scénario : Denys Arcand • Image : Guy Dufaux • Son : Richard Besse • Musique : François Dompierre • Montage : Monique Fortier • Production : Roger Frappier, René Malo • Interprètes : Gabriel Arcand, Dorothée Berryman, Daniel Brière, Pierre Curzi, Rémy Girard, Yves Jacques, Dominique Michel, Louise Portal, Geneviève Rioux • Fiction • Couleurs • 102 min.

Jésus de Montréal
1989 • Réalisation : Denys Arcand • Image : Guy Dufaux • Son : Marcel Pothier, Patrick Rousseau • Musique : Yves Laferrière • Montage : Isabelle Dedieu • Production : Roger Frappier, Pierre Gendron, Doris Girard, Gérard Mital, Jacques-Éric Strauss • Interprètes : Lothaire Bluteau, Rémy Girard, Yves Jacques, Robert Lepage, Gilles Pelletier, Johanne-Marie Tremblay, Catherine Wilkening • Fiction • Couleurs • 120 min.

Sketch **Vue d'ailleurs** dans **Montréal vu par...** six variations sur un thème
1991 • Réalisation : Denys Arcand • Scénario : Paule Baillargeon • Image : Paul Sarossy • Son : Ross Redfern • Musique : Yves Laferrière • Montage : Alain Baril • Production : Michel Houle, Daniel Louis, Denise Robert, Peter Sussman • Interprètes : Paule Baillargeon, Domini Blythe, John Gilbert, Rémy Girard, Guylaine Saint-Onge, Raoul Trujillo • Fiction • Couleurs • 20 min.

Love and Human Remains
1993 • Réalisation : Denys Arcand • Scénario : Brad Fraser (tiré de sa pièce *Unidentified Human Remains and the True Nature of Love*)• Image : Paul Sarossy • Son : Dominique Chartrand, Marcel Pothier • Montage : Alain Baril • Production : Roger Frappier, Pierre Latour, Peter Sussman • Interprètes : Cameron Bancroft, Matthew Ferguson, Thomas Gibson, Mia Kirshner, Ruth Marshall, Rick Roberts, Joanne Vannicola • Fiction • Couleurs • 100 min.

Achevé d'imprimer en août 1993
sur les presses des Ateliers graphiques
Marc Veilleux à Cap-Saint-Ignace, Québec